Aktuelle Dokumente

Herausgegeben von Professor Dr. Ingo von Münch

Ostverträge
III

Deutsch-tschechoslowakische Verträge

Zusammengestellt von

Dr. Ingo von Münch

Professor an der Universität Hamburg

1973

Walter de Gruyter · Berlin · New York

ISBN 3 11 004583 4

Printed in Germany.

Satz und Druck: Paul Funk, Berlin 30

Vorwort

Der Vertrag zwischen der Bundesrepublik Deutschland und der Tschechoslowakischen Sozialistischen Republik, der nach langwierigen Verhandlungen am 20. Juni 1973 in Prag von Außenminister *Scheel* und Außenminister *Chnoupek* paraphiert worden ist, soll nicht nur den Schlußstein in das mit dem Moskauer Vertrag (Aktuelle Dokumente: Ostverträge I — Deutsch-sowjetische Verträge) und dem Warschauer Vertrag (Aktuelle Dokumente: Ostverträge II — Deutsch-polnische Verträge) begonnene Bauwerk der Ostverträge setzen, sondern ist auch ein teilweiser Wiederbeginn in der Geschichte der deutsch-tschechoslowakischen Vertragsbeziehungen. Während zwischen der DDR und der CSSR verhältnismäßig viele Verträge seit 1949 geschlossen worden sind (die vorliegende Sammlung bringt von ihnen in Teil III die wichtigsten), ist die Zahl der — in Teil II dieser Sammlung — abgedruckten Verträge zwischen der Bundesrepublik Deutschland und der Tschechoslowakei klein.

Die vorliegende Dokumentensammlung bringt in ihrem I. Abschnitt die Texte der bedeutsamsten Verträge, die zwischen dem Deutschen Reich und der Tschechoslowakischen Republik von deren Entstehung an bis zum Ende des Jahres 1938 geschlossen worden sind. Die hier abgedruckten Verträge zeigen, wie eng jedenfalls zur Zeit der Weimarer Republik die deutsch-tschechoslowakischen Beziehungen gewesen sind. Der Katalog der Abmachungen enthält nicht nur einen so grundsätzlichen Vertrag wie den von Locarno, sondern auch sehr spezielle, enge nachbarschaftliche Beziehungen dokumentierende Regelungen wie z. B. über die Erleichterungen des Grenzverkehrs, über landwirtschaftliche Wanderarbeiter, über die gegenseitige Hilfeleistung der Sicherheitsorgane und über Sozialversicherung. Ganz auffallend ist der Vergleich mit der nationalsozialistischen Zeit; abgesehen von dem — offensichtlich schon vorher vorbereiteten und an den Vertrag über Grenzwasserläufe und Gebietsaustausch an der preußischen Strecke der deutsch-tschechoslowakischen Grenze von 1930 anknüpfenden — Vertrag über Grenzwasserläufe auf der sächsischen und der bayerischen Strecke der deutsch-tschechoslowakischen Grenze von 1935 und dem Verrechnungsabkommen von 1937 sind bis zum Münchener Abkommen keine wesentlichen Verträge zwischen dem Deutschen Reich und der Tschechoslowakei mehr zustandegekommen. In dieser Tatsache spiegelt sich deutlich die durch die nationalsozialistische Politik hervorgerufene Verschlechterung der politischen Beziehungen wieder, die schließlich ihren traurigen Tiefpunkt im Münchener Abkommen und in Lidice, aber auch in der Vertreibung der Sudetendeutschen 1945 fand.

Mit dem Münchener Abkommen ist derjenige völkerrechtliche Vertrag genannt, der bisher wie ein stinkender Leichnam der Normalisierung des Verhältnisses zwischen der Bundesrepublik Deutschland und der Tschechoslowakischen Sozialistischen Republik im Wege gelegen hat. Die Geschichte des Münchener Abkommens ist bekannt; die Frage, ob es von Anfang an (ex tunc) nichtig war oder ob es erst später (ex nunc) ungültig geworden ist, gehört zu den schwierigsten völkerrechtlichen Fragen der ersten Hälfte dieses Jahrhunderts. Für die Nichtigkeit von Anfang an wird unter anderem vorgebracht: Das von *Hitler*, *Mussolini*, *Chamberlain* und *Daladier*, jedoch nicht von einem tschechoslowakischen Repräsentanten unterschriebene Abkommen (das deshalb kein deutsch-tschechoslowakischer Vertrag ist, aber gleichwohl wegen seiner Bedeutung für das deutsch-tschechoslowakische Verhältnis in dieser Sammlung abgedruckt wird) sei ein nach allgemeinem Völkerrecht unzulässiger Vertrag zu Lasten eines Dritten (der ČSR) gewesen; das im Locarno-Vertrag und im deutsch-tschechoslowakischen Schiedsvertrag vorgesehene Streitschlichtungsverfahren sei nicht angewendet worden; da *Hitler* nicht gewillt war, das Münchener Abkommen einzuhalten, sei es ein Scheingeschäft und als solches ohne Rechtswirkung gewesen; sein unter Drohungen zustandegekommener Abschluß habe gegen das völkerrechtliche Gewaltverbot verstoßen; schließlich habe das nach der tschechoslowakischen Verfassung für Gebietsabtretungen erforderliche Zustimmungsgesetz des tschechoslowakischen Parlaments gefehlt.

Diesen ernsten und gewichtigen Gründen stehen andere Argumente gegenüber, aus denen geschlossen wird, daß das Münchener Abkommen nicht von Anfang an nichtig war, sondern erst später ungültig geworden ist, nämlich: Das Münchener Abkommen habe, wie in seinen Eingangsworten formuliert, nur die „Bedingungen und Modalitäten" der Abtretung des sudetendeutschen Gebietes geregelt, während die eigentliche Vereinbarung schon vorher im Notenwechsel zwischen Großbritannien, Frankreich und der Tschechoslowakei vom 23./25. September 1938 – also mit Beteiligung der ČSR – getroffen gewesen sei; auch habe die Tschechoslowakei das Münchener Abkommen zumindest nachträglich gebilligt, indem sie bei seiner Durchführung mitgewirkt und darauf bezogene Vereinbarungen (z. B. im Vertrag über Staatsangehörigkeits- und Optionsfragen) geschlossen habe; was die Möglichkeit eines Schiedsverfahrens betreffe, so habe die tschechoslowakische Regierung zwar darauf hingewiesen, aber nicht darauf bestanden; ein ernsthafter Wille zur Vertragseinhaltung sei jedenfalls bei Frankreich, Großbritannien und Italien vorhanden gewesen, so daß von einem Scheingeschäft nicht gesprochen werden könne (in diesem Zusammenhang kann an *Chamberlains* Worte erinnert werden: „Wie schrecklich, fantastisch, unglaublich ist es, daß wir hier Schützengräben ausheben und Gasmasken probieren sollen wegen einer Streitigkeit in irgendeinem fernen Land zwischen Völkern, von denen wir nichts wissen"); fraglich sei, ob nach damals geltendem Völkerrecht Drohungen bei Vertragsabschluß zur Nichtigkeit führen, so wie dies nach heutiger Völkerrechtsauffassung der Fall ist; was die fehlende Zustimmung des tschechoslowakischen Parlaments betreffe, so spreche der amtliche Bericht der Sitzung der tschechoslowakischen Regierung vom 30. September 1938 davon, die Regierung habe „nach einhelliger Zustimmung der verantwortlichen Faktoren der politischen Parteien beschlossen, die Münchener Vier-Mächte-Übereinkommen auch ihrerseits anzunehmen"; auch müsse ein Verstoß gegen innerstaatliches Verfassungsrecht nicht in jedem Fall zur Völkerrechtswidrigkeit des betreffenden Vertrages führen.

So stehen Argumente gegen Argumente. Fest steht jedenfalls, daß das Münchener Abkommen, von dem sich — beginnend mit

Erklärungen Frankreichs und Großbritanniens noch während des Zweiten Weltkrieges — inzwischen alle Vertragspartner gelöst haben, heute keine Gültigkeit mehr besitzt. Die aktuelle Bedeutung der Frage, ob eine Nichtigkeit von Anfang an vorlag, ist daher heute aus psychologischen Gründen zu verstehen, und (auf Seiten der Bundesrepublik) aus der Besorgnis einer Rechtsunsicherheit in bezug auf die Staatsangehörigkeit Sudetendeutscher, in bezug auf Hoheitsakte, die bis 1945 im Sudetenland von deutschen Behörden gesetzt wurden, und auf beiden Seiten in bezug auf finanzielle Unsicherheiten. Der neue deutsch-tschechoslowakische Vertrag von 1973 behandelt in der Präambel, in Artikel I und Artikel II die mit dem Münchener Abkommen zusammenhängenden Probleme. Hervorzuheben ist, daß die Frage, ob das Münchener Abkommen von Anfang an nichtig gewesen ist, nicht ausdrücklich beantwortet worden ist. Jedoch behandelt der Vertrag in Artikel II wichtige Fragen der Praxis, während Artikel III ein Gewaltverbot und Artikel IV die Unverletzlichkeit der gemeinsamen Grenze und die Achtung der territorialen Integrität beider Staaten enthalten.

Nach Abschluß des Münchener Abkommens sind zwischen dem Deutschen Reich und der Tschechoslowakischen Republik noch einige Verträge geschlossen worden. Dagegen war das Dokument, das am 15. März 1939 von dem tschechoslowakischen Staatspräsidenten Dr. *Hacha* und seinem Außenminister *Chvalkovsky* nach *Hitlers* Drohung, er werde Prag bombardieren lassen, unterschrieben wurde, kein völkerrechtlich gültiger Vertrag. Der Wortlaut dieses erpreßten Schriftstückes ist daher nicht in die Vertragssammlung aufgenommen worden, sondern wird nur an dieser Stelle gebracht:

> „Der Führer und Reichskanzler hat heute in Gegenwart des Reichsministers des Auswärtigen *von Ribbentrop* den tschechoslowakischen Staatspräsidenten Dr. *Hacha* und den tschechoslowakischen Außenminister *Chvalkovsky* auf deren Wunsch in Berlin empfangen. Bei der Zusammenkunft ist die durch die Vorgänge der letzten Wochen auf dem bisherigen tschechoslowakischen Staatsgebiet entstandene ernste Lage in voller Offenheit einer Prüfung unterzogen worden. Auf beiden Seiten ist übereinstimmend die Über-

zeugung zum Ausdruck gebracht worden, daß das Ziel aller Bemühungen die Sicherung von Ruhe, Ordnung und Frieden in diesem Teile Mitteleuropas sein müsse. Der tschechoslowakische Staatspräsident hat erklärt, daß er, um diesem Ziele zu dienen und um eine endgültige Befriedung zu erreichen, das Schicksal des tschechischen Volkes und Landes vertrauensvoll in die Hände des Führers des Deutschen Reiches legt. Der Führer hat diese Erklärung angenommen und seinem Entschluß Ausdruck gegeben, daß er das tschechische Volk unter den Schutz des Deutschen Reichs nehmen und ihm eine seiner Eigenart gemäße autonome Entwicklung seines Lebens gewährleisten wird."

Auch der „Vertrag über das Schutzverhältnis zwischen dem Deutschen Reich und dem Slowakischen Staat" vom 18./23. März 1939 gehört in die Sammlung deutsch-tchechoslowakischer Verträge eigentlich nicht hinein; der Abdruck ist lediglich zur Vervollständigung der Chronologie der Ereignisse zu verstehen.

Bei der Zusammenstellung hat mich Herr *Henning von Wedel* hilfreich unterstützt; für das Lesen der Korrekturen danke ich Frau *Heidi Schröder* und Herrn *Matthias Eschricht*.

Hamburg, im Juli 1973

I. v. M.

Bücher haben ihre Schicksale. Als die Druckfahnen dieses Bandes zur Korrektur vorlagen, gerieten die Verhandlungen zwischen der Bundesregierung und der Regierung der CSSR über den am 20. Juni 1973 paraphierten Vertrag über die gegenseitigen Beziehungen zwischen der Bundesrepublik Deutschland und der CSSR aus Anlaß von Fragen, die mit West-Berlin zusammenhängen, ins Stocken. Die bereits terminierte Reise des Bundeskanzlers nach Prag zur Unterzeichnung des Vertrages fand nicht statt. Wann der Vertrag unterzeichnet und wann er in Kraft treten wird ist zur Zeit ungewiß.

Inhalt

I. VERTRÄGE ZWISCHEN DEM DEUTSCHEN REICH UND DER TSCHECHOSLOWAKISCHEN REPUBLIK

1. Versailler Friedensvertrag vom 28. Juni 1919*

(Auszug)

. . .

III. TEIL

. . .

Abschnitt VII. TSCHECHO-SLOWAKEI

Artikel 81

Deutschland erkennt, wie die alliierten und assoziierten Mächte es schon getan haben, die vollständige Unabhängigkeit der Tschecho-Slowakei an, die das autonome Gebiet der Ruthenen südlich der Karpathen mit einbegreift. Es erklärt sein Einverständnis mit der Abgrenzung dieses Staates, wie sie durch die alliierten und assoziierten Hauptmächte und die anderen beteiligten Staaten erfolgen wird.

Artikel 82

Die Grenze zwischen Deutschland und der Tschecho-Slowakei bildet die alte Grenze zwischen Österreich-Ungarn und dem Deutschen Reich, so wie sie am 3. August 1914 bestand.

Artikel 83

Deutschland verzichtet zugunsten der Tschecho-Slowakei auf alle Rechte und Ansprüche auf den folgendermaßen umschriebenen Teil des schlesischen Gebiets.

von einem Punkt ab, der etwa 2 km südöstlich von Katscher auf der Grenze der Kreise Leobschütz und Ratibor liegt:

die Grenze zwischen den beiden Kreisen,

dann die alte Grenze zwischen Deutschland und Österreich-

* Abdruck nach Reichsgesetzblatt 1919, S. 833 ff. (Verbindlicher Wortlaut: englische und französische Fassung).

Ungarn bis zu einem Punkte, der an der Oder hart südlich der Eisenbahnlinie Ratibor—Oderberg liegt,

von dort nach Nordwesten bis zu einem Punkte ungefähr 2 km südöstlich von Katscher:

eine im Gelände noch zu bestimmende Linie, die westlich von Kranowitz verläuft.

Ein aus sieben Mitgliedern zusammengesetzter Ausschuß, von denen fünf durch die alliierten und assoziierten Hauptmächte, eines von Polen und eines von der Tschecho-Slowakei ernannt werden, tritt zwei Wochen nach dem Inkrafttreten des gegenwärtigen Vertrags zusammen, um an Ort und Stelle die Grenzlinie zwischen Polen und der Tschecho-Slowakei festzusetzen.

Dieser Ausschuß entscheidet mit Stimmenmehrheit. Seine Entscheidungen sind für die Beteiligten bindend.

Deutschland verzichtet bereits jetzt zugunsten der Tschecho-Slowakei auf alle Rechte und Ansprüche auf den von den nachstehend bezeichneten Grenzen eingefaßten Teil des Kreises Leobschütz für den Fall, daß infolge der deutschpolnischen Grenzfestsetzung der bezeichnete Teil dieses Kreises den Zusammenhang mit Deutschland verlieren sollte:

von dem Südostende des Vorsprungs der alten österreichischen Grenze etwa 5 km westlich von Leobschütz in südlicher Richtung bis zum Treffpunkt mit der Grenze der Kreise Leobschütz und Ratibor:

die alte Grenze zwischen Deutschland und Österreich-Ungarn;

dann nach Norden die Verwaltungsgrenze zwischen den Kreisen Leobschütz und Ratibor bis zu einem Punkte etwa 2 km südöstlich von Katscher;

von dort gegen Nordwesten bis zum Ausgangspunkt dieser Grenzbeschreibung:

eine im Gelände noch zu bestimmende Linie, die östlich von Katscher verläuft.

Artikel 84

Die deutschen Reichsangehörigen, die ihren Wohnsitz in irgendeinem als Bestandteil der Tschecho-Slowakei anerkannten

Gebiet haben, erwerben von Rechts wegen die tschecho-slowakische Staatsangehörigkeit unter Verlust der deutschen.

Artikel 85

Zwei Jahre lang nach Inkrafttreten des gegenwärtigen Vertrags sind die über achtzehn Jahre alten deutschen Reichsangehörigen, die in irgendeinem der als Bestandteil der Tschecho-Slowakei anerkannten Gebiete ansässig sind, berechtigt, für die deutsche Reichsangehörigkeit zu optieren. Die Tschecho-Slowaken, die deutsche Reichsangehörigkeit besitzen und in Deutschland wohnen, sind ebenso berechtigt, für die tschecho-slowakische Staatsangehörigkeit zu optieren.

Die Option des Ehemanns erstreckt ihre Wirkung auf die Ehefrau, die Option der Eltern erstreckt ihre Wirkung auf Kinder unter achtzehn Jahren.

Personen, die von dem oben vorgesehenen Optionsrecht Gebrauch machen, müssen in den nächsten zwölf Monaten ihren Wohnsitz in den Staat verlegen, für den sie optiert haben.

Es steht ihnen frei, das unbewegliche Gut zu behalten, das sie im Gebiete des anderen Staates besitzen, in dem sie vor der Option wohnten. Sie dürfen ihr gesamtes bewegliches Gut mitnehmen. Es wird dafür keinerlei Ausfuhr- oder Einfuhrzoll von ihnen erhoben.

Innerhalb derselben Frist haben die Tschecho-Slowaken, die deutsche Reichsangehörige sind und sich im Ausland befinden, das Recht, — falls dies den Bestimmungen des fremden Gesetzes nicht zuwiderläuft und falls sie nicht die fremde Staatsangehörigkeit erworben haben — die tschecho-slowakische Staatsangehörigkeit unter Verlust der deutschen nach Maßgabe der von der Tschecho-Slowakei erlassenen Vorschriften zu erwerben.

Artikel 86

Die Tschecho-Slowakei ist damit einverstanden, daß die alliierten und assoziierten Hauptmächte in einen mit ihr zu schließenden Vertrag die Bestimmungen aufnehmen, die sie zum Schutze der Interessen der nationalen, sprachlichen und religiösen Minderheiten in der Tschecho-Slowakei für notwendig erachten, und genehmigt damit diese Bestimmungen.

Auch ist die Tschecho-Slowakei damit einverstanden, daß die alliierten und assoziierten Hauptmächte in einen mit ihr zu schließenden Vertrag die Bestimmungen aufnehmen, die sie zur Sicherung der freien Durchfuhr und einer gerechten Regelung des Handelsverkehrs der anderen Völker für notwendig erachten.

Umfang und Art der finanziellen Lasten, die die Tschecho-Slowakei mit Rücksicht auf das unter ihre Souveränität fallende schlesische Gebiet vom Deutschen Reiche und von Preußen zu übernehmen hat, werden nach Artikel 254 Teil IX (Finanzielle Bestimmungen) des gegenwärtigen Vertrags festgesetzt.

Alle nicht durch den gegenwärtigen Vertrag geregelten Fragen, die sich aus der Abtretung des bezeichneten Gebiets ergeben, werden in späteren Übereinkommen geregelt.

...

XII. TEIL

...

Kapitel V.

Bestimmungen, die der Tschecho-Slowakei die Benutzung nördlicher Häfen gewährleisten

Artikel 363

In den Häfen Hamburg und Stettin verpachtet Deutschland der Tschecho-Slowakei für einen Zeitraum von 99 Jahren Landstücke, die unter die allgemeine Verwaltungsordnung der Freizonen treten und dem unmittelbaren Durchgangsverkehr der Waren von oder nach diesem Staate dienen sollen.

Artikel 364

Die Abgrenzung dieser Landstücke, ihre Herrichtung, die Art ihrer Ausnutzung und überhaupt alle Bedingungen ihrer Verwendung einschließlich des Pachtpreises werden durch einen Ausschuß bestimmt, der sich aus je einem Vertreter Deutschlands, der Tschechoslowakei und Großbritanniens zusammensetzt. Diese Bedingungen können alle zehn Jahre in der gleichen Weise einer Nachprüfung unterzogen werden.

Deutschland erklärt im voraus seine Zustimmung zu den so getroffenen Entscheidungen.

2. Wirtschaftsabkommen zwischen der Deutschen Regierung und der Tschechoslowakischen Regierung

vom 29. Juni 1920*

Die Regierung des Deutschen Reiches und die Regierung der Tschechoslowakischen Republik haben in dem Bestreben, die gegenseitigen Wirtschaftsbeziehungen auf eine geregelte rechtliche Grundlage zu stellen, sich über nachstehende Punkte geeinigt:

Artikel I.

Die Durchfuhr von Waren aller Art und Personen aus dem Gebiet des einen der beiden Staaten durch das andere Staatsgebiet, sowie die Beförderung von Waren und Personen aus Deutschland nach der Tschechoslowakei und umgekehrt soll in Zukunft keinen Beschränkungen unterworfen werden, mit Ausnahme solcher, die sich als Folge technisch notwendiger Maßnahmen aus der allgemeinen Verkehrslage ergeben.

Nähere Bestimmungen hierüber und über andere Fragen des Eisenbahnverkehres enthält die Anlage A zu diesem Abkommen.

Eine Ausnahme von dem in Abs. 1 ausgesprochenen Grundsatz ist zulässig für Waren, welche in einem der beiden Staaten den Gegenstand eines Staatsmonopols bilden. Hinsichtlich des Verfahrens bei der Durchfuhr dieser Waren behalten sich die beiden Regierungen vor, nähere Vereinbarungen später abzuschließen. Bis dahin soll an der bisherigen Übung nichts geändert werden.

* Abdruck nach Reichsgesetzblatt 1920, S. 2240 ff., Hinweis: Artikel 297 betraf die Frage der privaten Güter, Rechte und Interessen in Feindesland.

Artikel II.

Solange die zur Überwindung der wirtschaftlichen Folgen des Krieges erforderliche Übergangswirtschaft besteht, sollen die in den beiden Staaten bestehenden Ein- und Ausfuhrbeschränkungen aufrechterhalten bleiben, jedoch wird jeder Teil grundsätzlich bestrebt sein, entsprechend der wirtschaftlichen Lage auf ihren Abbau hinzuwirken. Für diese Zeit sollen für den beiderseitigen Warenverkehr folgende Regeln gelten:

a) Beiderseits werden Freilisten derjenigen Waren aufgestellt und sobald als möglich ausgetauscht werden, deren Ein- und Ausfuhr grundsätzlich keiner Einschränkung unterliegen soll. Jedem Teil steht es frei, für die in der Freiliste enthaltenen Waren eine Anmeldefrist einzuführen oder, wo sie bereits besteht, in der bisherigen Weise beizubehalten. Die Freilisten können je nach Bedarf Änderungen unterzogen werden. Soweit diese Änderungen Einschränkungen der Freilisten betreffen, finden sie auf Waren, die am Tage der Bekanntgabe bereits zum Transport aufgegeben sind, keine Anwendung.

Alle Änderungen sind dem anderen Teile mit tunlichster Beschleunigung mitzuteilen.

b) Die in den Freilisten nicht aufgeführten Waren unterliegen beiderseits dem Bewilligungsverfahren. Beide Teile verpflichten sich, die Erteilung von Ein- und Ausfuhrbewilligungen für Waren, welche als für das wirtschaftliche Leben des anderen Teiles besonders wichtig in den einen integrierenden Bestandteil dieses Abkommens bildenden Anlagen B und C aufgeführt sind, gegenseitig zu erleichtern. Diese Anlagen können je nach Bedarf in beiderseitigem Einvernehmen Änderungen unterzogen werden.

Beiderseits besteht Einverständnis darüber, daß beide Regierungen für die Ausfuhr solcher Waren, soweit sie in der Anlage B aufgeführt sind, sich grundsätzlich davon leiten lassen, nach Deckung des inländischen Bedarfes Anträgen auf Ausfuhrbewilligungen, die im Verhältnisse zur Deckung des Bedarfes des ansuchenden Staates stehen, grundsätzlich zu willfahren. Dabei soll der Tatsache der Ausfuhr der betreffenden Ware nach dritten Staaten in der Regel als Anhalt dafür gelten, daß der inländische Bedarf in entsprechendem Umfange als gedeckt angesehen werden kann.

Was insbesondere den Bedarf der Tschechoslowakischen Republik an Anilinfarbstoffen anbelangt, erklärt sich die Deutsche Regierung bereit, bei der betreffenden deutschen Industrie hinsichtlich der Lieferung des notwendigsten Bedarfes der tschechoslowakischen Industrie nach Mengen und Lieferungsbedingungen auf tunlichstes Entgegenkommen hinzuwirken. Sie wird die Ausfuhr solcher Mengen, welche die betreffende deutsche Industrie der tschechoslowakischen Industrie zu liefern bereit ist, nicht behindern.

c) Die beiden Regierungen sind bereit, den nach Maßgabe der bestehenden Ausfuhrvorschriften in Zukunft erteilten Ausfuhrbewilligungen für die Dauer ihrer Gültigkeit volle Wirksamkeit zu sichern, auch wenn die erwähnten Ausfuhrvorschriften nachträglich irgendwelche Änderungen erfahren sollten.

Die Bewilligung kann widerrufen werden:

1. sofern dringende öffentliche Interessen gefährdet sind,

2. sofern sie auf Grund unrichtiger Angaben oder durch unlautere Mittel erlangt ist.

Soweit Ausfuhrbewilligungen vor der Einführung von Ausfuhrabgaben (einschließlich der erhöhten Manipulationsgebühr) oder vor der Erhöhung bestehender Ausfuhrabgaben (einschließlich der erhöhten Manipulationsgebühr) erteilt worden sind, bleiben sie unabhängig von den neuen Bestimmungen noch sechs Wochen nach deren Inkrafttreten in Geltung. Nach diesem Zeitpunkt ist die Ausfuhrbewilligung nur noch gültig, wenn unbeschadet besonderer Bestimmungen und unter Berücksichtigung des besonderen Sachverhaltes in den einzelnen Fällen die Abgabe bzw. die Differenz zwischen der alten und der neuen Abgabe für den Wert der bis zu diesem Zeitpunkt noch nicht zur Ausfuhr gelangten Waren nachträglich entrichtet worden ist.

Für verlängerte Ausfuhrbewilligungen und für Ausfuhrbewilligungen, die an Stelle der abgelaufenen getreten sind, ist der Tag der Ausstellung bzw. der ersten Ausfuhrbewilligung maßgebend.

Falls die künftig erteilten Ausfuhrbewilligungen aus Gründen, die nachweislich außerhalb des Verschuldens der Parteien liegen, nicht rechtzeitig ausgenutzt werden konnten, wird ihre Verlängerung bzw. Erneuerung erfolgen, sofern die Voraussetzungen, unter denen sie erteilt wurden, noch fortbestehen. Aus dem Gesichtspunkte inzwischen neu eingeführter Ausfuhrvorschriften soll indes die Verlängerung bzw. Erneuerung nicht verweigert werden.

Bezüglich der Gesuche um Verlängerung bzw. Erneuerung von Ausfuhrbewilligungen, die auf Grund alter, im Widerspruch mit den neu geltenden Ausfuhrvorschriften stehender Abschlüsse eingereicht werden, wird beiderseits wohlwollende Prüfung zugesagt. Gegebenenfalls verpflichten sich die beiden Regierungen, mit allen Mitteln auf die zuständigen Bewilligungsstellen dahin einzuwirken, daß eine gütliche Erledigung dieser Fälle erfolgt.

Artikel III.

Soweit für die Frage der Erteilung von Ausfuhrbewilligungen die Preishöhe der Ausfuhrware entscheidend ist, werden die vor der Aufstellung von Preisbestimmungen bzw. von neuen Preisbestimmungen abgeschlossenen Verträge in der Regel von diesen nicht berührt, wenn bei Abschluß der Verträge den damals geltenden Preisbestimmungen Rechnung getragen worden ist und entweder

a) der Käufer bereits Anzahlungen geleistet hat oder

b) der Lieferer bereits Leistungen aus dem Vertrage bewirkt hat oder

c) der Käufer bereits entsprechende Preiserhöhungen bewilligt hat.

Ausnahmen von diesen grundsätzlichen Bestimmungen können dann eintreten, wenn die Verträge zeitlich außerordentlich weit zurückliegen.

Die beiderseitigen Regierungen werden ihren Einfluß dahin ausüben, daß die Aufstellung der Minimal-Exportpreise in einer Weise erfolgt, die unter tunlichster Ausschaltung von besonderen Begünstigungen an Abnehmer in dritten Staaten einen unmittelbaren Warenaustausch zwischen Deutschland und der Tschechoslowakischen Republik gewährleistet.

Artikel IV.

Abgesehen von den im Artikel II und III geregelten Fällen der Übergangswirtschaft gehen die beiden Teile grundsätzlich davon aus, daß allmählich anzustreben ist, den gegenseitigen Verkehr zwischen ihren Ländern durch keinerlei Ein-, Aus- und Durchfuhrverbote zu hemmen.

Ausnahmen hiervon sollen nur zulässig sein:

a) aus Gründen der öffentlichen Sicherheit,

b) bei Waren, welche in einem der beiden Länder den Gegenstand eines Staatsmonopols bilden,

c) aus gesundheitspolizeilichen Rücksichten,

d) zu dem Zwecke, um auf fremde Waren Verbote und Beschränkungen anzuwenden, welche für die Erzeugung, den Vertrieb oder die Beförderung einheimischer Waren im Inlande festgesetzt sind.

Insbesondere gilt der im Artikel IV ausgesprochene Grundsatz auch für diejenigen Waren, welche in die in den beiden Staaten jeweils bestehenden Freilisten aufgenommen sind.

Artikel V.

Für die Ausfuhr von Holz aus der Tschechoslowakei treten bezüglich der bereits erteilten Ausfuhrbewilligungen, der Erneuerung verfallener Ausfuhrbewilligungen und der Erteilung von Ausfuhrbewilligungen für alte Schlüsse an Stelle der vorstehenden Bestimmungen folgende Vorschriften:

1. An Stelle der bis zum 14. April 1920 einschließlich erteilten Ausfuhrbewilligungen werden für die noch nicht ausgeführten Holzmengen und für die noch nicht abgelaufene Geltungsdauer der alten Bewilligungen neue Bewilligungen ausgestellt. Diese neuen Bewilligungen unterliegen der allgemein festgesetzten Ausfuhrgebühr, welche unter Zugrundelegung der in den alten Ausfuhrbewilligungen angegebenen fakturierten Preise berechnet wird.

2. Für diejenigen Ausfuhrbewilligungen, deren Geltungsdauer bereits erloschen ist, werden auf Ansuchen der Interessenten neue Ausfuhrbewilligungen unter der Voraussetzung erteilt, daß ihre Geltungsdauer erst nach dem 15. Dezember 1919 abgelaufen ist, daß die Ausfuhr nachgewiesenermaßen wegen Schwierigkeiten des Abtransportes und der Beförderung unterblieben ist und daß das Ansuchen auf Erneuerung der Ausfuhrbewilligungen bei der Tschechoslowakischen Holzkommission bzw. Kommission für auswärtigen Handel spätestens bis zum 31. Mai 1920 gestellt worden ist. Die jeweilige Ausfuhrgebühr wird auch in diesem Falle unter Zugrundelegung der in den erloschenen Ausfuhrbewilligungen angegebenen Fakturapreise berechnet.

3. Alte Holzabschlüsse, für die eine Ausfuhrbewilligung noch nicht erteilt ist oder die trotz erteilter Ausfuhrbewilligung mangels der erforderlichen Voraussetzungen nicht unter die Regelung der Ziffer 2 fallen, werden in gleicher Weise wie Ausfuhrbewilligungsanträge auf Grund neuer Schlüsse behandelt, also einer neuen Prüfung nach Maßgabe der bestehenden Vorschriften unterzogen. Die Tschechoslowakische Regierung sichert jedoch bei dieser Prüfung — ceteris paribus — den alten Schlüssen eine besonders entgegenkommende Behandlung in der Richtung zu, daß sich die Regierung bzw. die Holzkommission jeden Einflusses auf die tatsächlichen Verkaufsschlußpreise enthalten wird. Diese Behandlung sichert indessen die Tschechoslowakische Regierung nur denjenigen Interessenten zu, welche die alten Schlüsse in Abschrift oder im Auszuge möglichst bald, längstens aber bis 1. September 1920 der Holzkommission in Prag (Prag, II. Hybernská 1) mitgeteilt haben. Durch diese Frist wird die Einreichung der Anträge auf Ausfuhrbewilligung nicht berührt.

Der Berechnung der bei den alten Schlüssen zu entrichtenden Ausfuhrgebühr wird ein Minimalexportpreis von 525 M per Kubikmeter bei Rundholz und 350 M per Kubikmeter bei Schleifholz zugrunde gelegt werden, solange sich der amtliche Minimalexportpreis über diesen Preisen bewegt. Sinkt der amtliche Minimalexportpreis unter die oben angegebenen Beträge, so ist dieser neue amtliche Minimalexportpreis der Berechnung der allgemeinen Ausfuhrgebühr zugrunde zu legen.

Die Tschechoslowakische Regierung sagt zu, für die Zukunft der Ausfuhr von Rund-, Schleif- und Schnittholz nach Deutschland im Rahmen der bestehenden Vorschriften keinerlei Schwierigkeiten zu bereiten, insbesondere durch Ausfuhr aus den Grenzgegenden, aus der Slowakei und auf dem Wasserwege Deutschland entgegenzukommen.

Artikel VI.

Die Tschechoslowakische Regierung verpflichtet sich, auf die bezüglich der Lieferung von Malz noch bestehenden alten Schlüsse 300 Wagen sofort und bis Ende Juni 1920 weitere 300 Wagen zu liefern. Für diese insgesamt 600 Wagen ist von den deutschen Käufern ein Betrag von 425 M per Doppelzentner zu entrichten, welcher den Kaufpreis und die Exportabgabe zusammen umfaßt. Die Tschechoslowakische Regierung erklärt sich ferner bereit, aus der neuen Ernte den dann noch verbleibenden Rest der alten Schlüsse von 1050 Wagen zu erfüllen, jedoch ohne Anrechnung auf die alten Schlüsse, so daß die Festsetzung des Kaufpreises hierfür einem neuen Übereinkommen zwischen den beiderseitigen Kontrahenten vorbehalten bleibt.

Artikel VII.

Über die Regelung des wechselseitigen Kohlenbezuges ist die in der Anlage D enthaltene Vereinbarung getroffen worden.

Artikel VIII.

Über die Regelung gewisser Finanzfragen ist die in der Anlage E enthaltene Vereinbarung getroffen worden.

Artikel IX.

Zur Erleichterung des gegenseitigen Verkehres mit den Grenzbezirken (im allgemeinen bis zu 15 km beiderseits der Grenze) sind unter den beiden Teilen diejenigen besonderen Bestimmungen vereinbart, welche sich in der Anlage F verzeichnet finden.

Durch diese Regelung sollen, soweit in der Anlage F nichts besonderes bestimmt ist, die in beiden Staaten bestehenden Einschränkungen der Verkehrsfreiheit sowie die Vorschriften über die staatliche Bewirtschaftung bestimmter Erzeugnisse nicht berührt werden. Es soll aber den Grenzbewohnern des einen Staates aus dem Umstande, daß sie einzelne Grundstücke auf dem Gebiete des anderen Staates bewirtschaften, eine Ablieferungspflicht zugunsten dieses Staates nicht erwachsen.

Artikel X.

Unbeschadet der Begünstigungen im sogenannten kleinen Grenzverkehr wird die Tschechoslowakische Regierung bis zum Abschlusse eines Handelsvertrages zwischen den beiden Staaten die deutschen Angehörigen hinsichtlich des Betrages, der Sicherung und der Erhebung der Eingangs- und Ausgangsabgaben, des Ein- und Aus- und Durchfuhrverkehres, der Ein-, Aus- und Durchfuhrbestimmungen, der Verbrauchsabgaben und inneren Steuern, der Ausübung von Handel und Gewerbe, Industrie und Landwirtschaft, des Erwerbs und Besitzes von beweglichem und unbeweglichem Vermögen nicht schlechter behandeln als die Angehörigen eines dritten Staates.

Aktiengesellschaften und andere kommerzielle, industrielle oder finanzielle Gesellschaften, einschließlich der Versicherungsgesellschaften, welche in den Gebieten des einen Teiles ihren Sitz haben und nach dessen Gesetzen rechtlich bestehen, sollen auch in den Gebieten des anderen Teiles gegen Beobachtung der daselbst geltenden einschlägigen Gesetze und Verordnungen befugt sein, alle ihre Rechte geltend zu machen und namentlich vor Gericht als Kläger oder Beklagte Prozesse zu führen.

Betreffs der Zulassung zum Betrieb ihrer Geschäfte in den Gebieten des anderen Teiles haben die daselbst geltenden gesetzlichen und reglementarischen Bestimmungen Anwendung zu finden. Es haben jedoch diejenigen Gesellschaften, welche ihre Geschäfte in der Tschechoslowakischen Republik auf Grund einer Zulassung der früheren Regierung der ehemaligen Monarchie betreiben, binnen 6 (sechs) Monaten nach Inkrafttreten dieses Übereinkommens um eine neuerliche Zulassung bei der zuständigen Behörde der Tschechoslowakischen Republik, sofern ein solches Gesuch bisher nicht eingebracht wurde, anzusuchen oder binnen derselben Frist den Geschäftsbetrieb in der Tschechoslowakischen Republik aufzulassen. Bis zum Zeitpunkte der Erledigung dieser Gesuche können die fraglichen Gesellschaften in der Tschechoslowakischen Republik auf Grund ihrer früheren Berechtigung ihre Geschäfte im bisherigen Umfange weiterbetreiben. Im Falle der neuerlichen Zulassung wird die Admissionsgebühr nicht verlangt werden von jenem Betrage des Aktien-, Einlagen- und Obligationskapitals, für welchen für die im Gebiete der Tschechoslowakischen Republik befindlichen Betriebe der betreffenden Gesellschaften die staatliche Gebühr entrichtet worden ist.

Sofern unter Berücksichtigung der Gründung des Tschechoslowakischen Staates die Deutsche Regierung dazu schreitet, die Verhältnisse der früher in Deutschland zugelassenen, in der alten Österreichisch-Ungarischen Monarchie domizilierten österreichischen oder ungarischen Gesellschaften aus dem Gesichtspunkte der neuen Staatenbildung neu zu regeln, soll diese Regelung keinesfalls in einer ungünstigeren Weise als in der vorstehend vereinbarten Art erfolgen.

Die im Absatz 2 dieses Artikels genannten Gesellschaften werden in beiden Staaten in objektivrechtlicher Beziehung nicht schlechter behandelt werden als die als rechtlich bestehend anerkannten gleichartigen Gesellschaften irgendeines dritten Landes. Diese Bestimmung berührt nicht Entscheidungen, die auf Grund staatlicher Konzessionspflicht oder in administrativen Ermessenssachen getroffen werden.

Artikel XI.

Beide Regierungen werden darauf bedacht sein, ihre gegenüberliegenden Grenzzollämter, wo es die Verhältnisse gestatten, je an einen Ort zu verlegen, so daß die Amtshandlungen bei dem Übertritt der Waren aus einem Zollgebiet in das andere gleichzeitig stattfinden könnten.

Das früher in Görlitz auf Grund eines Staatsvertrages mit Österreich-Ungarn errichtete österreichisch-ungarische Hauptzollamt wird auf der gleichen Grundlage als tschechoslowakisches Hauptzollamt beibehalten werden.

Artikel XII.

Von Waren, welche durch das Gebiet eines der beiden Teile aus oder nach dem Gebiete des anderen Teiles durchgeführt werden, dürfen Durchgangsabgaben nicht erhoben werden.

Diese Verabredung findet sowohl auf die nach erfolgter Umladung oder Lagerung als auch auf die unmittelbar durchgeführten Waren Anwendung.

Artikel XIII.

Zur weiteren Erleichterung des gegenseitigen Verkehres wird, sofern die Identität der aus- und wiedereingeführten Gegenstände außer Zweifel ist, beiderseits Befreiung von Eingangs- und Ausgangsabgaben für Waren (mit Ausnahme von Verzehrungsgegenständen) zugestanden, welche aus dem freien Verkehr im Gebiete des einen der beiden Teile in das Gebiet des anderen auf Märkte oder Messen gebracht oder auf ungewissen Verkauf außer dem Meß- und Marktverkehr versendet, sowie für Muster, welche von Handlungsreisenden eingebracht werden; alle diese Gegenstände, wenn sie binnen einer im voraus zu bestimmenden Frist unverkauft zurückgeführt werden.

Durch diese Bestimmungen werden die besonderen, aus dem Bewilligungsverfahren sich ergebenden Vorschriften nicht berührt.

Was das bei Durchführung dieser Bestimmungen einzuhaltende Verfahren anlangt, so soll bis auf weiteres eine Änderung der bisherigen Praxis nicht eintreten.

Artikel XIV.

Die beiden Teile verpflichten sich zur Verhütung und Bestrafung des Schleichhandels nach oder aus ihren Gebieten durch angemessene Mittel mitzuwirken und die zu diesem Zwecke erlassenen Strafgesetze aufrechtzuerhalten, die Rechtshilfe zu gewähren, den Aufsichtsbeamten des anderen Teiles die Verfolgung der Zuwiderhandelnden in ihr Gebiet zu gestatten und denselben durch Steuer-, Zoll- und Polizeibeamte sowie durch die Gemeinde- und Ortsvorstände alle erforderliche Auskunft und Beihilfe zuteil werden zu lassen.

Das nach Maßgabe dieser allgemeinen Bestimmungen abzuschließende Zollkartell bleibt einer besonderen Vereinbarung vorbehalten. Bis auf weiteres soll an der bisherigen Praxis festgehalten werden.

Die beiden Regierungen behalten sich vor, über das Recht der Nacheile eventuell noch eine besondere Vereinbarung zu treffen.

Die beiden Teile werden nach Kräften bemüht sein, den Reiseverkehr, insbesondere auch zu Handelszwecken oder zum Besuche der Bäder, zu erleichtern und, sofern eine Milderung der bestehenden Paßvorschriften nicht erfolgen kann, die erforderlichen Formalitäten nach Möglichkeit zu erleichtern und zu beschleunigen.

Artikel XV.

Hinsichtlich der zollamtlichen Behandlung von Waren, die dem Begleitscheinverfahren unterliegen, wird eine Verkehrserleichterung dadurch gegenseitig gewährt, daß beim unmittelbaren Übergange solcher Waren aus dem Gebiete des einen der beiden Teile in das Gebiet des anderen die Verschlußabnahme, die Anlage eines anderweitigen Verschlusses und die Auspackung der Waren unterbleibt, sofern den dieserhalb zur Zeit vereinbarten Erfordernissen genügt ist.

Artikel XVI.

Es soll grundsätzlich der bisherige Veredelungsverkehr aufrechterhalten werden.

Die Deutsche Regierung verpflichtet sich, der Ausfuhr von Strohflachs und Röstflachs nach der Tschechoslowakei zur Verarbeitung zu Fasern, soweit diese Ausfuhr von der deutschen Flachsbau-Gesellschaft oder deren Rechtsnachfolger beantragt wird, keinerlei Hindernisse zu bereiten. Die Tschechoslowakische Regierung verpflichtet sich in gleicher Weise, der Wiederausfuhr der Mengen Fasern, welche aus dem aus Deutschland nach der Tschechoslowakei zur Verarbeitung eingeführten Strohflachs und Röstflachs gewonnen sind, keinerlei Hindernisse zu bereiten, insbesondere auch dafür Sorge zu tragen, daß solche Hindernisse seitens der bewirtschaftenden Stellen nicht gemacht werden. Jedoch behält sich die Tschechoslowakische Regierung das Recht vor, im Einzelfalle von dem gewonnenen veredelten Erzeugnis eine Menge von 10 % für die Zwecke der eigenen Industrie zurückzubehalten.

Von den Bestimmungen dieses Artikels werden nicht berührt besondere Vereinbarungen, welche über einen bestimmten Veredelungsverkehr von Fall zu Fall getroffen worden sind oder in Zukunft getroffen werden.

Artikel XVII.

Kaufleute, Fabrikanten und andere Gewerbetreibende, welche sich darüber ausweisen, daß sie in dem Staate, wo sie ihren Wohnsitz haben, die gesetzlichen Abgaben für das von ihnen betriebene Geschäft entrichten, sollen, wenn sie persönlich oder durch in ihren Diensten stehende Reisende Ankäufe machen oder Bestellungen, nur unter Mitführung von Mustern, suchen, in dem Gebiete des anderen Teiles keine weitere Abgabe hierfür zu entrichten verpflichtet sein. Auch soll für die Legitimation der Handlungsreisenden im wechselseitigen Verkehr entsprechend dem seinerzeit geltenden Muster die in der Anlage G enthaltene Legitimationskarte beiderseits in dem früher üblichen Umfang anerkannt werden.

Die Angehörigen des einen Teiles, welche das Frachtfuhrgewerbe, die See- oder Flußschiffahrt zwischen Plätzen verschiedener Staaten betreiben, sollen für diesen Gewerbebetrieb in dem Gebiete des anderen Teiles einer Gewerbesteuer nicht unterworfen werden.

Artikel XVIII.

Jeder der beiden Teile wird die See- und Binnenschiffahrt des anderen hinsichtlich der Schiffe und deren Ladungen unter denselben Bedingungen und gegen dieselben Abgaben sowie in jeder anderen rechtlichen Beziehung wie die eigenen Schiffe und Schiffsladungen zulassen. Dies gilt auch für die Seeküstenschiffahrt. Die Staatsangehörigkeit der Schiffe jedes der vertragschließenden Teile ist nach der Gesetzgebung ihrer Heimat zu beurteilen. Hinsichtlich der Anerkennung der beiderseitigen Schiffsmeßbriefe und Eichscheine soll es bei der bisherigen Übung sein Bewenden haben. Vorstehende Bestimmungen berühren nicht die Regelung, welche durch bestehende oder künftig abzuschließende internationale Verträge vorgenommen worden ist oder vorgenommen werden wird. Im übrigen behalten sich die beiden Teile den Abschluß eines besonderen Abkommens über die wechselseitige Behandlung der Schiffahrt vor.

Artikel XIX.

Beide Teile sind darüber einverstanden, daß über den Post-, Telegraphen- und Telephonverkehr, über den gegenseitigen Seuchenschutz und über das Verfahren bei der Rechtshilfe besondere Vereinbarungen getroffen werden.

Außerdem verpflichten sich die vertragschließenden Teile, innerhalb eines Monats nach der Ratifikation dieses Abkommens Entwürfe eines Vertrages über den Ausschluß der Doppelbesteuerung und über gegenseitige Rechtshilfe in Steuersachen (Steuerermittelungs-, Steuerfestsetzungs-, Steuerbeitreibungsverfahren) und in Steuerstrafsachen auszutauschen.

Artikel XX.

Beide Staaten werden in bezug auf die soziale Versicherung die Angehörigen des anderen Staates den eigenen Angehörigen gleichstellen. Die näheren Bestimmungen hierüber bleiben einem besonderen Übereinkommen vorbehalten.

Artikel XXI.

Die Bestimmungen des Friedensvertrages von Versailles sowie der anderen noch abzuschließenden Friedensverträge sowie der Vertrag zwischen den alliierten und assoziierten Hauptmächten und der Tschechoslowakei von St.-Germain-en-Laye vom 10. September 1919 werden durch dieses Übereinkommen nicht berührt.

Artikel XXII.

Dieses Übereinkommen, welches in deutscher und tschechoslowakischer Urschrift gefertigt worden ist, soll nach Genehmigung durch die Regierung und die gesetzgebenden Körperschaften ratifiziert und die Ratifikationsurkunden sollen baldmöglichst in Prag ausgetauscht werden. Es tritt mit dem Tage der

Ratifikation in Kraft und soll, sofern nicht andere Fristen verabredet sind, so lange in Geltung bleiben, als es nicht von einem der beiden Teile mit dreimonatiger Frist gekündigt wird.

So geschehen zu Prag am 29. Juni Tausendneunhundertzwanzig.*

gez. v. *Stockhammern*
(L. S.)
gez. Dr. *V. Schuster*
(L. S.)

Protokoll

I.

(Kriegsanleihe)

Deutsche Reichsangehörige, welche im Zeitpunkte der Zeichnung der Kriegsanleihe in der Tschechoslowakei wohnhaft gewesen sind, und denen auf Grund eines binnen einer Frist von sechs Monaten nach Ratifikation dieses Abkommens gestellten Antrages auf Naturalisierung die Aufnahme in den tschechoslowakischen Staatsverband gewährt worden ist, sollen hinsichtlich der Behandlung der von ihnen gezeichneten österreichischen Kriegsanleihe dieselben Rechte erhalten, die den tschechoslowakischen Staatsangehörigen eingeräumt werden.

... (Absatz 2 betrifft österr. Kriegsanleihen, welche von deutschen Gesellschaften für ihre Niederlassungen usw. in der Tschechoslowakei gezeichnet waren).

* Dem Abkommen sind mehrere Anlagen beigefügt (Anl. A betr. Eisenbahnverkehr, Anl. B und C enthalten Warenlisten, Anl. D ist das Kohlenabkommen, Anl. E betr. gesperrte deutsche Guthaben, Anl. F betr. Erleichterungen im Grenzverkehr, Anl. G enthält das Muster einer Gewerbe-Legitimationsurkunde für Handlungsreisende).

Innerhalb der Verfallfrist kann das dem Erblasser gemäß Absatz 1 zustehende Recht auch vom Erben unter den gleichen Voraussetzungen wie vom Erblasser ausgeübt werden. In analoger Weise können die Erwerber von Kriegsanleihestücken aufgelöster Gesellschaften der im Absatz 2 bezeichneten Art binnen der im Absatz 1 genannten Frist unter der Voraussetzung der dort bezeichneten Aufnahme in den tschechoslowakischen Staatsverband die gleichen Rechte wie die tschechoslowakischen Staatsangehörigen in bezug auf die Kriegsanleihe erhalten.

Die vorstehende Erklärung umfaßt auch ungarische, unter den obigen Voraussetzungen gezeichnete und erworbene Kriegsanleihestücke.

II.

(Einlösung von Kupons)

Soweit die Einlösung von Kupons oder anderen Zahlungsverpflichtungen aus den Schuldverschreibungen der ausschließlich auf tschechoslowakischem Boden gelegenen verstaatlichten früheren Privatbahnen an tschechoslowakische Staatsangehörige erfolgt, soll auch unter den gleichen Bedingungen die Einlösung gegenüber deutschen Gläubigern erfolgen.

Prag, den 29. Juni 1920.

(gez.) *von Stockhammern*

(gez.) Dr. *V. Schuster*

3. Abkommen zwischen der Deutschen Regierung und der Tschechoslowakischen Regierung über die Anwendung des Artikels 297 des Friedensvertrages von Versailles

vom 29. Juni 1920*

Artikel I.

1. Die Tschechoslowakische Regierung wird von dem Rechte, deutsche Güter, Rechte und Interessen zurückzubehalten und zu liquidieren, nur insoweit Gebrauch machen, als das allgemein-

* Abdruck nach Reichsgesetzblatt 1920, S. 2279 ff.

wirtschaftliche und soziale Staatsinteresse den Übergang deutscher Güter, Rechte und Interessen in die eigene Einflußsphäre erheischt. Unter diesen Gesichtspunkt fallen diejenigen Wirtschaftszweige, bei denen eine gesteigerte staatliche Ingerenz in Aussicht steht oder welche Gegenstand besonderer sozialer oder wirtschaftlicher Reformen bilden sollen, als Eisenbahnen, Berg- und Hüttenwerke sowie Heilbadunternehmungen.

2. Die Tschechoslowakische Regierung wird der Deutschen Regierung mit tunlichster Beschleunigung, spätestens binnen einem Monat nach der Ratifizierung dieses Abkommens, eine Liste derjenigen Aktiengesellschaften, Kommanditgesellschaften auf Aktien, Gesellschaften mit beschränkter Haftung und Gewerkschaften übermitteln, die im Gebiet der Tschechoslowakischen Republik Eisenbahnen, Berg- und Hüttenwerke und Heilbadunternehmungen betreiben, mit Ausnahme solcher Gesellschaften, die im Deutschen Reich ihren Sitz haben.

3. Die Deutsche Regierung wird der Tschechoslowakischen Regierung binnen drei Monaten nach Empfang der vorstehend bezeichneten Liste je ein Verzeichnis übermitteln:

a) der Aktien und sonstigen Anteile deutscher Reichsangehöriger an Aktiengesellschaften, Kommanditgesellschaften auf Aktien, Gesellschaften mit beschränkter Haftung und Gewerkschaften, die im Gebiet der Tschechoslowakischen Republik Eisenbahnen, Berg- und Hüttenwerke und Heilbadunternehmungen betreiben,

b) der Eisenbahnen, Berg- und Hüttenwerke und Heilbadunternehmungen, die von physischen Personen und von sonstigen Gesellschaften deutscher Reichsangehörigkeit im Gebiet der Tschechoslowakischen Republik betrieben werden.

4. Die Tschechoslowakische Regierung wird der Deutschen Regierung binnen vier Monaten nach Empfang der im Absatz 3 erwähnten Verzeichnisse diejenigen Fälle bekanntgeben, in denen sie von dem Liquidationsrechte Gebrauch machen will, und wird die Vermittlung der Deutschen Regierung zu dem Zwecke in Anspruch nehmen, um mit den deutschen Interessenten zu einer gütlichen Einigung über den Kaufpreis oder den Betrag der Entschädigung zu gelangen.

5. Führen die Verhandlungen mit den deutschen Beteiligten nicht zu einer Einigung über die Höhe des Kaufpreises oder der Entschädigung, so werden die beiden Regierungen in gemeinsamen, auf Verlangen eines Teiles mündlichen Verhandlungen den Kaufpreis oder die Entschädigung nach objektiven Gesichtspunkten festsetzen.

6. Unterwerfen sich die Beteiligten dieser Festsetzung nicht oder gelangen die Regierungen nicht zur vollen Einigung, so ist die Entscheidung des im Friedensvertrag von Versailles vorgesehenen gemischten Schiedsgerichtshofes unter Vorlegung der gesamten Unterlagen, insbesondere über die zwischen den beiden Regierungen gepflogenen Verhandlungen anzurufen.

7. Personen, Gesellschaften oder Gewerkschaften, deren Unternehmungen gemäß Artikel I dieser Vereinbarung zurückbehalten oder liquidiert werden, sollen, sofern sie ihren Wohnsitz oder Sitz außerhalb der Tschechoslowakischen Republik haben oder nehmen, bei der etwaigen Überführung des Kaufpreises oder der Entschädigung sowie ihres sonstigen, von der Liquidation oder Zurückbehaltung nicht erfaßten beweglichen Vermögens in das Ausland weder durch Ausfuhrverbote noch durch sonstige gesetzliche oder Verwaltungsmaßnahmen der Tschechoslowakischen Republik beschränkt werden. Sie werden insbesondere keine Ausfuhrabgaben irgendwelcher Art zu zahlen haben. Dasselbe gilt für diejenigen Personen, welche infolge einer solchen Liquidierung oder Zurückbehaltung veranlaßt sind, ihren Wohnsitz außerhalb des Gebietes der Tschechoslowakischen Republik zu nehmen.

8. Die beiden Teile behalten sich vor, über die steuerliche Behandlung solcher Personen, Gesellschaften oder Gewerkschaften besondere Vereinbarungen zu treffen. Bis zum Abschluß dieser Vereinbarungen wird durch die im Absatz 7 getroffene Regelung die steuerliche Behandlung der in Betracht kommenden Personen und Vermögenswerte nicht berührt.

Artikel II.

1. Die Tschechoslowakische Regierung wird von der Zurückbehaltung und Liquidation der unter Artikel I fallenden deutschen Güter, Rechte und Interessen, soweit sie innerhalb der im

Artikel I Absatz 4 angegebenen Frist der Deutschen Regierung nicht bezeichnet worden sind, sowie von der Zurückbehaltung und Liquidation der übrigen deutschen Güter, Rechte und Interessen absehen.

2. Die Tschechoslowakische Regierung behält sich vor, die Befreiung von der Zurückbehaltung und Liquidation im Einzelfalle, namentlich bei für die Volkswirtschaft besonders wichtigen Industrieunternehmungen, von der Bedingung abhängig zu machen, daß in der Verwaltung dieser Unternehmungen einheimische Interessen in entsprechender Weise gewahrt werden. Hierbei wird die Tschechoslowakische Regierung sich nur von Beweggründen leiten lassen, die sich zwecks Wahrung allgemeinwirtschaftlicher Gesichtspunkte als notwendig erweisen und den Standpunkt des anderen Teiles im Geiste vollkommener Billigkeit berücksichtigen.

3. Insoweit bei diesen Maßnahmen die Vertretung in den leitenden Organen und die Kapitalbewilligung in Frage kommen, werden keine höheren Anforderungen gestellt werden, als dem Verhältnis des im Gebiet der Tschechoslowakischen Republik befindlichen Betriebes zum Gesamtbetrieb des betreffenden Unternehmens entspricht. Die Beteiligten werden in allen Fällen gehört werden. Kommt es zu keiner Einigung, so wird der Deutschen Regierung Gelegenheit gegeben werden, im Einvernehmen mit der Tschechoslowakischen Regierung auf einen Ausgleich hinzuwirken.

4. Die Deutsche Regierung wird der Tschechoslowakischen Regierung binnen der unter Artikel I Absatz 4 angegebenen Frist ein Verzeichnis derjenigen Betriebe übermitteln, welche von deutschen Aktiengesellschaften, Kommanditgesellschaften auf Aktien und Gesellschaften mit beschränkter Haftung auf dem Gebiet der Tschechoslowakischen Republik unterhalten werden.

Artikel III.

Die dem Wiedergutmachungsausschuß im Friedensvertrag von Versailles vorbehaltenen Rechte werden durch diese Vereinbarungen nicht berührt.

Artikel IV.

Dieses Abkommen soll nach Genehmigung durch die Regierung und die gesetzgebenden Körperschaften ratifiziert und die Ratifikationsurkunden sollen sobald als möglich in Prag ausgetauscht werden.

Das Abkommen tritt nur gemeinsam mit dem im Laufe dieser Verhandlungen vereinbarten Staatsangehörigkeitsvertrag sowie dem in gleicher Weise vereinbarten Wirtschaftsabkommen in Kraft.

So geschehen in Prag am 29. Juni Tausendneunhundertzwanzig.

(gez.) *v. Stockhammern*
(V. r.) *Fierlinger*

4. Staatsangehörigkeitsvertrag zwischen dem Deutschen Reiche und der Tschechoslowakischen Republik

vom 29. Juni 1920*

Das Deutsche Reich und die Tschechoslowakische Republik schließen zur Regelung von Fragen der Staatsangehörigkeit den folgenden Vertrag:

Begriffsbestimmungen

Artikel 1

(1) Im Sinne der Vorschriften der Artikel 84, 85 des Friedensvertrags und dieses Vertrags ist als Ort, an dem eine Person wohnhaft oder ansässig ist, der Ort anzusehen, an dem sie sich in der erweislichen Absicht niedergelassen hat, daselbst ihren bleibenden Aufenthalt zu nehmen.

(2) Hat eine Person mehr als einen Wohnsitz in diesem Sinne, so soll der Ort maßgebend sein, an dem der überwiegende Schwerpunkt ihrer wirtschaftlichen und sonstigen Lebensverhältnisse liegt.

* Abdruck nach Reichsgesetzblatt 1920, S. 2284 ff.

(3) Läßt sich ein überwiegender Schwerpunkt in diesem Sinne nicht feststellen, so ist für die Anwendung der Artikel 84, 85 sowie des Artikels 7 dieses Vertrags der Wunsch der betreffenden Person maßgebend. Die Erklärung hierüber ist dem Ministerium des Innern desjenigen Staates, in dessen Gebiete sich der nach dem Wunsche des Beteiligten maßgebende Wohnsitz befindet, binnen sechs Monaten nach dem Inkrafttreten dieses Vertrages schriftlich abzugeben. Sie ist unverzüglich der Regierung des anderen Staates mitzuteilen.

Artikel 2

Die beiden vertragschließenden Teile sind darin einig, daß als Tschechoslowaken deutscher Reichsangehörigkeit im Sinne des Artikels 85 Abs. 1, Satz 2 und Abs. 5 des Friedensvertrags die deutschen Reichsangehörigen tschechoslowakischer Rasse und Zunge anzusehen sind. Als Hauptmerkmal soll dabei gelten, ob eine Person von Kindheit an die tschechoslowakische Sprache als Muttersprache gesprochen hat. Als Tschechoslowake deutscher Reichsangehörigkeit soll nicht angesehen werden, wer von einem Vater deutscher Rasse und Zunge abstammt, es sei denn, daß der Vater bereits gestorben ist oder getrennt von seiner Familie lebt.

Artikel 3

Staatsangehörigkeit der Bewohner des Hultschiner Landes

Die beiden vertragschließenden Teile sind darüber einig, daß diejenigen deutschen Reichsangehörigen, die zur Zeit des Inkrafttretens des Friedensvertrags von Versailles ihren Wohnsitz in dem durch Artikel 83 Abs. 1 dieses Vertrags als Bestandteil der Tschechoslowakei anerkannten Gebiete hatten, mit diesem Zeitpunkte tschechoslowakische Staatsangehörige geworden und berechtigt sind, nach Maßgabe des Artikels 85 für die deutsche Reichsangehörigkeit zu optieren.

Artikel 4

Staatsangehörigkeit der Bewohner des Kreises Leobschütz

Falls das in Artikel 83 Abs. 4 des Friedensvertrags von Versailles bezeichnete Gebiet der Tschechoslowakischen Republik zugeteilt werden sollte, erwerben die zur Zeit der Zuteilung dort wohnhaften deutschen Reichsangehörigen mit diesem Zeitpunkt die tschechoslowakische Staatsangehörigkeit. Die Optionsfrist (Artikel 85, Abs. 1) läuft vom Tage der Zuteilung.

Artikel 5
Staatsangehörigkeit
der Bewohner anderer Gebiete der Tschechoslowakei

(1) Diejenigen Personen, die beim Inkrafttreten des Friedensvertrags von Versailles die deutsche Reichsangehörigkeit besaßen und ihren Wohnsitz in anderen als in den Artikeln 3 und 4 bezeichneten Teilen der Tschechoslowakischen Republik hatten, sind deutsche Reichsangehörige geblieben.

(2) Abs. 1 findet entsprechende Anwendung auf diejenigen Personen, welche in Gebieten wohnhaft sind, die der Tschechoslowakischen Republik erst nach dem Inkrafttreten dieses Vertrags auf Grund des Friedensvertrags von Versailles oder eines der übrigen den Krieg von 1914 beendigenden Friedensverträge zufallen sollten.

Staatsangehörigkeit
der im Gebiete der Tschechoslowakei geborenen Personen

Artikel 6

Die beiden vertragschließenden Teile sind darin einig, daß eine Person, die nach dem Inkrafttreten des zwischen den alliierten und assoziierten Hauptmächten und der Tschechoslowakischen Republik abgeschlossenen Vertrags im Gebiete der letzteren geboren ist oder geboren wird, durch die Geburt die tschechoslowakische Staatsangehörigkeit nur dann erwerben soll, wenn sie nicht durch Abstammung eine andere Staatsangehörigkeit besitzt.

Artikel 7

Die beiden vertragschließenden Teile sind darüber einig, daß dic Staatsangehörigkeit derjenigen Personen, die vor dem Inkrafttreten des zwischen den alliierten und assoziierten Hauptmächten und der Tschechoslowakischen Republik abgeschlossenen Vertrags in dem Gebiete, das auf Grund des Friedensvertrags von Versailles der Tschechoslowakischen Republik zugefallen ist oder noch zufällt, als Kinder damals dort wohnender deutscher Reichsangehöriger geboren sind und die beim Inkrafttreten des Friedensvertrags die deutsche Reichsangehörigkeit besaßen, sich wie folgt bestimmt:

a) für solche Personen, die zur Zeit des Inkrafttretens des Friedensvertrags ihren Wohnsitz in dem Gebiete hatten, das nach Artikel 83 Abs. 1 und 4 der Tschechoslowakei zugeteilt worden ist oder zufallen wird, gelten die Vorschriften der Artikel 3 und 4;

b) für solche Persoenen, die in dem angegebenen Zeitpunkt ihren Wohnsitz in einem der anderen durch den Friedensvertrag der Tschechoslowakei zuerkannten Gebiete hatten, gelten die Vorschriften des Artikels 5;

c) solche Personen, die ihren Wohnsitz im angegebenen Zeitpunkt im Deutschen Reiche mit Ausnahme der unter a) bezeichneten Gebiete hatten, bleiben deutsche Reichsangehörige;

d) alle anderen Personen der oben bezeichneten Art werden von den beiden vertragschließenden Teilen als ausschließlich tschechoslowakische Staatsangehörige anerkannt. Sie können jedoch innerhalb zweier Jahre nach dem Inkrafttreten des zwischen den alliierten und assoziierten Hauptmächten und der Tschechoslowakischen Republik abgeschlossenen Vertrags von den von der Tschechoslowakischen Regierung zu bestimmenden Behörden im Lande ihres Wohnsitzes erklären, daß sie auf das tschechoslowakische Staatsbürgerrecht verzichten und werden sodann nicht mehr als tschechoslowakische Staatsangehörige betrachtet; die Erklärung des Ehemannes wirkt für die Ehefrau und die Erklärung der Eltern für die weniger als achtzehn Jahre alten Kinder.

Artikel 8
Wirkung der Optionserklärung

Die beiden vertragschließenden Teile sind darüber einig, daß die den Bestimmungen des Friedensvertrags von Versailles und dieses Vertrags entsprechende Optionserklärung ein einseitiger rechtsbegründender Akt des Optanten ist und daß der darüber auszufertigenden Bescheinigung der Behörde nur deklaratorische Bedeutung zukommt.

Artikel 9
Abgabe der Optionserklärung

(1) Die beiden vertragschließenden Teile sind darüber einig, daß die Entscheidung über die abzugebenden Optionserklärungen jenem Staate allein zusteht, zu dessen Gunsten im einzelnen Falle optiert wird.

(2) Die Optionserklärung ist der zuständigen Behörde gegenüber abzugeben. Zuständig ist für die Optionserklärungen der Personen, die für die tschechoslowakische Staatsangehörigkeit optieren wollen, die diplomatische Vertretung der Tschechoslowakischen Republik in Berlin und für die Optionserklärungen der Personen, die für die deutsche Staatsangehörigkeit optieren wollen, die diplomatische Vertretung des Deutschen Reiches in Prag.

(3) Die Tschechoslowakische Regierung ist damit einverstanden, daß für die Dauer der Optionsfrist ein Bevollmächtigter der Deutschen diplomatischen Vertretung in Prag mit dem Amtssitze in Troppau bestellt wird, der zur Entgegennahme von Optionserklärungen aus den in Artikel 83 Abs. 1 und 5 bezeichneten Gebieten zugunsten Deutschlands berechtigt und zu deren unverzüglichen Weitergabe an die Tschechoslowakische Regierung verpflichtet sein soll. Dieses Zugeständnis kann von der Tschechoslowakischen Regierung jederzeit widerrufen werden.

(4) Die Deutsche Regierung und die Tschechoslowakische Regierung werden einander allmonatlich auf diplomatischem Wege Verzeichnisse der bei ihren in Abs. 2 genannten Behörden abgegebenen Optionserklärungen übermitteln. Einrichtung und Inhalt dieser Verzeichnisse werden von den beiderseitigen zuständigen Zentralstellen vereinbart werden.

Artikel 10
Form der Optionserklärung und Bescheid über deren Abgabe

Die Optionserklärungen sind in schriftlicher Form oder zu Protokoll der zuständigen Behörde abzugeben. Über die Abgabe ist von der sie entgegennehmenden Behörde eine Bescheinigung zu erteilen, in der auch die Familienmitglieder anzuführen sind, auf die sich die Wirkung der Option erstreckt.

Artikel 11
Abgabe der Optionserklärung für Jugendliche und andere in der Geschäftsfähigkeit beschränkte Personen

(1) Für elternlose Personen unter achtzehn Jahren, für Minderjährige von mehr als achtzehn Jahren, bei denen die Voraussetzungen der Entmündigung vorliegen, sowie für solche Personen, die entmündigt oder unter vorläufige Vormundschaft (Obsorge) gestellt worden sind, wird die Option durch die gesetzlichen Vertreter ausgeübt.

(2) Denjenigen Personen, für welche Eltern, Vormünder oder sonstige gesetzliche Vertreter die Option ausgeübt haben, steht innerhalb der Optionsfrist ein Widerrufungsrecht zu, wenn sie vor Ablauf dieser Frist das achtzehnte Lebensjahr vollendet haben, oder wenn vor Ablauf der Frist der Grund der gesetzlichen Vertretung fortgefallen ist. Auf die Abgabe der Widerrufserklärungen finden die Vorschriften des Artikels 9 des gegenwärtigen Vertrags entsprechende Anwendung.

Artikel 12
Wahrung der Rechte der Optanten

(1) Die beiden vertragschließenden Teile werden die Bestimmung, wonach die Optanten das unbewegliche Vermögen im Staate, von dem sie wegoptieren, behalten dürfen, durch keinerlei Gesetze, Verordnungen oder sonstige Vorschriften beeinträchtigen, die nicht ganz allgemeiner Natur sind und nicht auch auf die eigenen Staatsangehörigen und auf alle im Staate wohnhaften Angehörigen anderer Staaten Anwendung finden.

(2) Personen, die gemäß Artikel 85, Abs. 3 des Friedensvertrags, ihren Wohnsitz in das Gebiet des Staates verlegen, für den sie optiert haben, dürfen in der ihnen in Artikel 85 Abs. 4, Satz 2 des Vertrags gewährleisteten Befugnis zur Mitnahme ihrer beweglichen Habe durch keinerlei Ausfuhrverbote oder sonstige gesetzliche oder Verwaltungsmaßnahmen des bisherigen Aufenthaltsstaats beschränkt werden. Sie werden insbesondere keinerlei Ausfuhrabgaben irgendwelcher Art zu zahlen haben. Die vertragschließenden Teile behalten sich vor, über die steuer-

liche Behandlung solcher Optanten besondere Vereinbarungen zu treffen.

(3) Personen, die ihren Wohnsitz in das Gebiet des Staates, für den sie optiert haben, verlegt und im Gebiete des von ihnen verlassenen Staates gemäß Artikel 85 Abs. 4, Satz 1 des Friedensvertrags unbewegliches Gut zurückgelassen haben, sind berechtigt, zur Verwaltung des zurückgelassenen Gutes im Gebiete des verlassenen Staates zeitweilig Aufenthalt zu nehmen. Als unbewegliches Gut im Sinne dieses Artikels und des Artikels 85 Abs. 4 Satz 1 sind auch Rechte jeder Art an gewerblichen Unternehmungen anzusehen.

Artikel 13*
Neuaufnahmen

Die beiden vertragschließenden Teile verpflichten sich, künftige Neuaufnahmen von Staatsangehörigen des anderen Teiles in ihren Staatsverband, soweit diese Neuaufnahmen nicht auf den Vorschriften des Friedensvertrags von Versailles beruhen, erst durchzuführen, wenn der andere Staat die in den Staatsverband neu aufzunehmenden Personen aus seinem Staate entlassen hat. Die Entlassung kann demjenigen nicht versagt werden, der nachweist, daß er seinen Wohnsitz in das Gebiet des anderen Teiles verlegt hat oder im Begriff ist, ihn dorthin zu verlegen. Sie gilt als nicht erfolgt, wenn der Entlassene beim Ablauf von sechs Monaten nach der Aushändigung der Entlassungsurkunde seinen Wohnsitz noch oder wieder im Gebiete des bisherigen Aufenthaltsstaats hat.

Schlichtung von Streitigkeiten
Artikel 14

Zur Schlichtung von Meinungsverschiedenheiten oder Streitigkeiten über die Auslegung und Handhabung der in diesem Vertrage enthaltenen Bestimmungen werden

1. eine gemischte Kommission und
2. ein ständiges Schiedsgericht eingesetzt.

* Hinweis: Art. 13 ist am 1. Oktober 1936 nach Kündigung durch die Deutsche Reichsregierung und Annahme der Kündigung durch die tchechoslowakische Regierung außer Kraft getreten; vgl. Bekanntmachung in Reichsgesetzblatt 1936 II, S. 295.

Artikel 15

Die gemischte Kommission besteht aus je 2 von den beiderseitigen Regierungen zu bestimmenden Vertretern.

Artikel 16

(1) Die Kommission verhandelt nur die ihr von einer der beiden Regierungen durch die betreffende Delegation zugewiesenen Fälle.

(2) Sie verhandelt über die ihr zugewiesenen Fälle schriftlich.

(3) Gelingt es nicht, auf diesem Wege eine Übereinstimmung zu erzielen, so tritt die Kommission zwecks Erzielung dieser Übereinstimmung zu gemeinsamen Sitzungen unter abwechselndem Vorsitz zusammen. Der Ort des Zusammentretens wird zwischen den beiden Vorsitzenden vereinbart. Kommt keine Vereinbarung zustande, so findet die Zusammenkunft abwechselnd in Prag und in Berlin, das erstemal in Prag statt.

Artikel 17

Gelangt die gemischte Kommission nicht zur Schlichtung eines Streitfalles, so hat sie ihn dem Schiedsgericht abzugeben.

Artikel 18

(1) Das Schiedsgericht besteht aus je einem von jedem der beiden Teile bestellten Schiedsrichter und einem dritten Schiedsrichter als Vorsitzender.

(2) Der Vorsitzende wird von den Schiedsrichtern gewählt. Kommt keine Einigung zustande, so wird der jeweilige diplomatische Vertreter des Königreichs der Niederlande in Prag oder in Berlin von der Regierung des Staates, in welchem das Schiedsgericht zusammentritt, ersucht werden, den Vorsitz selbst zu übernehmen oder einen Vorsitzenden zu bestellen.

Artikel 19

Das Schiedsgericht ist ständig und tritt abwechselnd in Berlin und in Prag, das erstemal in Berlin zusammen.

Artikel 20

Die beiden vertragschließenden Teile verpflichten sich, dem Schiedsgericht jedes zur Durchführung seiner Untersuchungen erforderliche Entgegenkommen zu erweisen und alle nötigen Unterlagen zu liefern; sie verpflichten sich ferner, durch ihre Gerichte und Behörden dem Schiedsgericht jede mögliche Rechtshilfe, insbesondere bei Übermittlung von Zustellungen und bei der Beweiserhebung, gewähren zulassen.

Artikel 21

(1) Das Verfahren und die Geschäftsordnung regelt das Schiedsgericht selbst.

(2) Das Schiedsgericht entscheidet durch Stimmenmehrheit. Der Obmann gibt seine Stimme zuletzt ab; bei Stimmengleichheit gibt seine Stimme den Ausschlag.

Artikel 22

Jede Regierung trägt die Bezüge der von ihr bestellten Schiedsrichter ganz, die durch besondere Vereinbarung zwischen den Regierungen festzusetzenden Bezüge des Vorsitzenden zur Hälfte.

Artikel 23
Ratifizierung

(1) Dieser Vertrag soll ratifiziert und die Ratifikationsurkunden sollen sobald als möglich in Prag ausgetauscht werden

(2) Der Vertrag tritt am Tage des Austausches der Ratifikationsurkunden in Kraft.

(3) Der Vertrag wird in zwei gleichlautenden Stücken, und zwar je in tschechoslowakischer und deutscher Sprache ausgefertigt. Beide Texte sind maßgebend. Der ratifizierte Vertrag wird von beiden Staaten in ihren amtlichen Gesetzsammlungen in beiden Texten veröffentlicht werden.

So geschehen zu Prag am 29. Juni Eintausendneunhundertundzwanzig.

Für das Deutsche Reich:
(gez.) *v. Stockhammern*
(L. S.)

Za republiku československou:
Prof. Dr. *Hobza* m. p.
(L. S.)

5. Abkommen zwischen dem Deutschen Reiche und der Tschechoslowakischen Republik über Erleichterungen des Grenzverkehrs zwischen dem Gebiete des Deutschen Reichs und dem durch den Versailler Vertrag an die Tschechoslowakische Republik übergegangenen Gebiete

vom 4. März 1924*

Das Deutsche Reich einerseits und die Tschechoslowakische Republik andererseits, von dem Wunsche geleitet, den Grenzverkehr zwischen dem Gebiete des Deutschen Reichs und dem durch den Versailler Vertrag an die Tschechoslowakische Republik übergegangenen Gebiete tunlichst zu erleichtern, haben behufs Abschlusses eines entsprechenden Abkommens zu Bevollmächtigten bestellt, und zwar:

das Deutsche Reich den Gesandten Dr. Paul Eckardt,

die Tschechoslowakische Republik den Sektionschef Ingenieur Václav Roubik.

Die Bevollmächtigten sind nach Prüfung ihrer in guter und richtiger Form befundenen Vollmachten über folgendes übereingekommen:

Abschnitt I.

Zollstraßen und sonstige Grenzübergänge

Artikel 1

(1) Von den beiden vertragschließenden Teilen werden außer dem Eisenbahnübergange Kranowitz—Kuchelna bis auf weiteres Übergänge mit ständiger Zoll- und Paßkontrolle auf den nachstehend bezeichneten Straßen zugelassen, die über die Grenze zwischen dem Gebiete des Deutschen Reichs und dem durch den Versailler Vertrag der Tschechoslowakischen Republik zugefallenen Gebiete führen:

1. Annaberg—Schillersdorf,
2. Ruderswald—Haatsch,
3. Ruderswald-Rakowiec—Schillersdorf,
4. Dedowitschhof—Haatsch,

* Abdruck nach Reichsgesetzblatt 1925 II, S. 103 ff.

5. Owschütz—Sandau,
6. Kranowitz—Kuchelna,
7. Schammerwitz—Zauditz,
8. Katscher—Thröm,
9. Steuberwitz—Zauditz,
10. Steuberwitz—Schreibersdorf.

Soweit die hierfür notwendigen Einrichtungen noch nicht bestehen, sind sie sobald als möglich zu schaffen. Eine Ergänzung oder Veränderung des vorstehenden Verzeichnisses bleibt dem Einvernehmen der deutschen Provinzialzollbehörde mit der tschechoslowakischen Finanzlandesbehörde vorbehalten.

(2) Soweit die im vorstehenden bezeichneten Zollstraßen gleichzeitig Grenzwege, d. h. Wege sind, deren Mittellinie die Grenze bildet, gilt das auf diesen Straßen beförderte Gut als im Entsendestaat befindlich.

Artikel 2

Die Zulassung von Grenzübergängen ohne ständige Zoll- und Paßkontrolle unter Beobachtung der für den Grenzverkehr außerhalb der Zollstraßen bestehenden Bestimmungen erfolgt auf Grund einer Vereinbarung der im Artikel 1 Abs. 1 bezeichneten Behörden.

Abschnitt II.
Grenzerleichterungen

Artikel 3

Die Festsetzung allgemeiner Paßerleichterungen im Grenzverkehre zwischen den im Artikel 1 angegebenen Gebieten bleibt einer Verständigung der beiderseitigen höheren Verwaltungsbehörden vorbehalten.

Artikel 4

Der Durchgangsverkehr auf der Kunststraße Schammerwitz—Zauditz-Steuberwitz—Schreibersdorf ist für die Bewohner von Rößnitz, Rohow, Schreibersdorf, Steuberwitz und Zauditz vorbehaltlich der Bestimmungen der Artikel 5, 7 und 11 ungehindert und frei von Abgaben und Gebühren jeder Art. Dasselbe gilt für den Durchgangsverkehr auf der Kunststraße

Katscher—Thröm—Zauditz—Steuberwitz—Schreibersdorf für die Bewohner der Orte Schreibersdorf, Steuberwitz und Thröm und auf dem Wege von Rakowiec nach Haatsch über Ruderswald zwischen den Grenzsteinen Nr. 11 und Nr. 15 für die Bewohner von Haatsch und Schillersdorf.

Artikel 5

(1) Der im Artikel 4 erwähnte Durchgangsverkehr kann zu Fuß, zu Pferde, zu Rad oder zu Wagen, jedoch nicht im Kraftfahrzeug erfolgen. Er unterliegt der beiderseitigen zollamtlichen Überwachung. Die Abfertigung bei den Zollstellen erfolgt während der Dienststunden. Sie geschieht kostenlos und gebührenfrei, jedoch behalten sich die beiden vertragschließenden Teile vor, nach Ablauf von 10 Jahren nach Inkrafttreten dieses Abkommens etwa dann bestehende statistische Gebühren zu erheben.

(2) Bezüglich der Art der Ausübung der zollamtlichen Überwachung sowie hinsichtlich der Gleichmäßigkeit der Dienststunden treffen die im Artikel 1 Abs. 1 bezeichneten Behörden die erforderlichen Vereinbarungen.

(3) Um den Besuch der Märkte in Katscher, Ratibor und Troppau zu erleichtern, werden die im Artikel 1 Abs. 1 bezeichneten Behörden im gegenseitigen Benehmen Ausführungsbestimmungen erlassen, die den Durchgangsverkehr zu bestimmten Zeiten auch außerhalb der Dienststunden, jedoch nur während der Tageszeit und, soweit tunlich, gesammelt zu einer festgesetzten Stunde unter kostenloser Zollbegleitung ermöglichen.

Artikel 6

(1) Die Bewohner von Steuberwitz dürfen den Markt in Katscher und die Bewohner von Thröm dürfen den Markt in Troppau auf dem Verbindungswege Steuberwitz—Thröm besuchen. Die nähere Regelung erfolgt durch Vereinbarung der im Artikel 1 Abs. 1 bezeichneten Behörden unter Zugrundelegung der im Artikel 5 enthaltenen Bestimmungen.

(2) Für den Fall, daß der Verbindungsweg Steuberwitz—Thröm nach Artikel 1 Abs. 1 zur Zollstraße erklärt wird, soll auf ihm für die Bewohner von Schreibersdorf, Steuberwitz und

Thröm ein Durchgangsverkehr gestattet sein, wie er im Artikel 4 vorgesehen ist.

Artikel 7

Die in dem Gebiete des einen der vertragschließenden Teile wohnenden Personen, die von den ihnen nach den Artikeln 4 bis 6 zustehenden Vergünstigungen Gebrauch machen, müssen sich den beiderseitigen Grenzaufsichtsorganen auf Verlangen jederzeit durch Vorlegung eines gültigen, von der Behörde des anderen Teiles visierten Passes oder Übertrittscheins ausweisen und sich der zollamtlichen Überwachung unterziehen.

Artikel 8

Der zwischen den Grenzsteinen Nr. 33 bis Nr. 36 auf tschechoslowakischem Gebiete liegende Weg südwestlich von Owschütz darf deutscherseits und der zwischen den Grenzsteinen Nr. 155 bis Nr. 159 auf deutschem Gebiete liegende Weg südöstlich des Rößnitzer Busches darf tschechoslowakischerseits von den Besitzern der anstoßenden Grundstücke sowie von ihren Angehörigen und Arbeitern zu Fuß, zu Pferde, zu Rad oder zu Wagen unter den für den Grenzverkehr außerhalb der Zollstraßen bestehenden Bestimmungen benutzt werden.

Artikel 9

Für Arbeiter, die sich aus einem der im Artikel 1 bezeichneten Gebiete regelmäßig zur Arbeit in das andere Gebiet oder durch dieses in das Gebiet eines dritten Staates begeben, werden besondere Paßerleichterungen für den Grenzübertritt gewährt werden, über deren Einzelheiten sich die beiderseitigen höheren Verwaltungsbehörden verständigen werden.

Artikel 10

(1) Die Verwaltung des Kuchelnaer Forstes darf aus dem südwestlich von Owschütz gelegenen Teile des Waldgeländes, das durch die Grenzziehung von der Gemarkung Owschütz abgetrennt und der Tschechoslowakischen Republik zugeteilt worden ist, den normalen Ertrag von Holz frei von Ausfuhrgebühren auch außerhalb der Zollstraße aus dem Gebiete der Tschechoslowakischen Republik ausführen. Die Erhebung von

statistischen Gebühren wird hierdurch nicht berührt. Der jährliche Höchstbetrag an Holz, der ausgeführt werden darf, wird auf Grund der Angaben der vorbezeichneten Verwaltung von der Landesforstinspektion in Troppau festgesetzt werden.

(2) Die Ausfuhr unterliegt der zollamtlichen Anmeldung in Haatsch. Hinsichtlich der Überwachung treffen die im Artikel 1 Abs. 1 bezeichneten Behörden entsprechende Verfügungen.

Artikel 11

(1) Die in diesem Abkommen enthaltenen Bestimmungen beziehen sich nicht auf Kriegsbedarf oder auf Sachen, die Gegenstand von Staatsmonopolen sind.

(2) Verkehrseinschränkungen sowie Ein-, Aus- und Durchfuhrverbote, die nach den jeweils geltenden Gesetzen oder internationalen Vereinbarungen aus Gründen der öffentlichen Sicherheit zur Verhütung gesundheitlicher Schädigungen von Menschen, Tieren und Pflanzen oder aus anderen polizeilichen Rücksichten verfügt sind, werden durch dieses Abkommen nicht berührt.

(3) Die von einem Teile nach Abs. 2 beabsichtigten Maßnahmen sind unverzüglich der höheren Verwaltungsbehörde sowie der im Artikel 1 Abs. 1 bezeichneten Behörde des anderen Teiles anzukündigen.

Abschnitt III.

Allgemeine und Schlußbestimmungen

Artikel 12

Die erforderlichen Ausführungsbestimmungen werden von beiden vertragschließenden Teilen, wenn nötig, im Einvernehmen erlassen werden. Das gleiche gilt für die Anordnungen und Maßnahmen, die geboten sind, um eine mißbräuchliche Ausnutzung der vereinbarten Vergünstigungen zu verhindern.

Artikel 13

(1) Zur Zeit der Unterzeichnung dieses Abkommens ist die im Artikel 1 Abs. 1 bezeichnete deutsche Provinzialzollbehörde die Abteilung für Zölle und Verbrauchssteuern des Landes-

finanzamts Oberschlesien in Neisse, die tschechoslowakische Finanzlandesbehörde die Finanzdirektion in Troppau; die in den Artikeln 3, 9 und 11 erwähnten höheren Verwaltungsbehörden sind der Regierungspräsident in Oppeln und der Präsident der politischen Landesverwaltung in Troppau.

(2) Veränderungen der vorbezeichneten Behörden werden sich die vertragschließenden Teile gegenseitig mitteilen.

Artikel 14

(1) Dieses Abkommen, das in deutscher und in tschechoslowakischer Urschrift gefertigt worden ist, soll ratifiziert und die Ratifikationsurkunden sollen sobald als möglich in Berlin ausgetauscht werden.

(2) Das Abkommen tritt einen Monat nach dem Austausch der Ratifikationsurkunden in Kraft.

Zu Urkund dessen haben die Bevollmächtigten das gegenwärtige Abkommen unterzeichnet und mit ihrem Siegel versehen.

Geschehen in Troppau, den 4. März 1924.

Dr. *Paul Eckardt*, m. p.
Ing. *Václav Roubik*, m. p.

6. Vertrag von Locarno
vom 16. Oktober 1925*

Die Vertreter der Deutschen, Belgischen, Britischen, Französischen, Italienischen, Polnischen und Tschechoslowakischen Regierungen, die vom 5. bis zum 16. Oktober 1925 in Locarno versammelt waren, und gemeinsam die Mittel zum Schutze ihrer Völker vor der Geißel des Krieges zu suchen und für die friedliche Regelung von Streitigkeiten jeglicher Art, die etwa zwischen einigen von ihnen entstehen könnten, zu sorgen, haben ihre Zustimmung zu den Entwürfen der sie betreffenden Ver-

* Abdruck nach Reichsgesetzblatt 1925 II, S. 977.

träge und Abkommen gegeben, die im Laufe der gegenwärtigen Konferenz ausgearbeitet worden sind und sich aufeinander beziehen:

Vertrag zwischen Deutschland, Belgien, Frankreich, Großbritannien und Italien (Anlage A)

Schiedsabkommen zwischen Deutschland und Belgien (Anlage B)

Schiedsabkommen zwischen Deutschland und Frankreich (Anlage C)

Schiedsvertrag zwischen Deutschland und Polen (Anlage D)

Schiedsvertrag zwischen Deutschland und der Tschechoslowakei (Anlage E).

Diese Urkunden, die schon jetzt „ne varietur" paraphiert werden, sollen das heutige Datum tragen. Die Vertreter der beteiligten Parteien kommen überein, am 1. Dezember d. J. in London zusammenzutreten, um in einer Sitzung die förmliche Unterzeichnung der sie betreffenden Urkunden vorzunehmen.

Der Französische Minister der auswärtigen Angelegenheiten macht Mitteilung davon, daß im Anschluß an die obenerwähnten Entwürfe von Schiedsverträgen Frankreich, Polen und die Tschechoslowakei in Locarno gleichfalls Entwürfe zu Abkommen aufgestellt haben, um sich gegenseitig den Nutzen dieser Verträge zu sichern. Diese Abkommen werden regelrecht beim Völkerbund hinterlegt werden; Herr Briand hält aber schon jetzt Abschriften davon zur Verfügung der hier vertretenen Mächte.

Der Großbritannische Staatssekretär für auswärtige Angelegenheiten schlägt vor, daß zur Beantwortung gewisser, vom Deutschen Reichskanzler und Außenminister gestellter Forderungen nach Aufklärung über den Artikel 16 der Völkerbundssatzung das im Entwurf hier gleichfalls angeschlossene Schreiben (Anlage F) gleichzeitig mit der förmlichen Unterzeichnung der obenerwähnten Urkunden an sie gerichtet wird. Dieser Vorschlag wird angenommen.

Die Vertreter der hier vertretenen Regierungen erklären ihre feste Überzeugung, daß die Inkraftsetzung dieser Verträge und Abkommen in hohem Maße dazu beitragen wird, eine moralische Entspannung zwischen den Nationen herbeizuführen, daß sie die Lösung vieler politischer und wirtschaftlicher Probleme gemäß den Interessen und Empfindungen der Völker stark erleichtern wird, und daß sie so, indem sie Frieden und Sicherheit in Europa festigt, das geeignete Mittel sein wird, in wirksamer Weise die im Artikel 8 der Völkerbundssatzung vorgesehene Entwaffnung zu beschleunigen.

Sie verpflichten sich, an den vom Völkerbund bereits aufgenommenen Arbeiten hinsichtlich der Entwaffnung aufrichtig mitzuwirken und die Verwirklichung der Entwaffnung in einer allgemeinen Verständigung anzustreben.

Geschehen zu Locarno sm 16. Oktober 1925.

(gez.) *Dr. Luther*
Stresemann
Emile Vandervelde
A. Briand
Austen Chamberlain
Benito Mussolini
Al. Skrzynski
Dr. *Eduard Benes*

7. Anlage E zum Vertrag von Locarno*
(Deutsch-tschechoslowakischer Schiedsvertrag)

Der Deutsche Reichspräsident und der Präsident der Tschechoslowakischen Republik,

gleichermaßen entschlossen, den Frieden zwischen Deutschland und der Tschechoslowakei aufrechtzuerhalten, indem sie die friedliche Regelung der zwischen beiden Ländern etwa entstehenden Streitigkeiten sichern,

im Hinblick auf die Tatsache, daß die internationalen Gerichte zur Achtung der durch die Verträge begründeten oder aus dem Völkerrecht sich ergebenden Rechte verpflichtet sind,

* Abdruck nach Reichsgesetzblatt 1926 II, S. 611 ff. In Kraft getreten am 14. September 1926 (Reichsgesetzblatt 1926 II, S. 583).

einig darin, daß die Rechte eines Staates nur mit seiner Zustimmung geändert werden können,

und in der Erwägung, daß die aufrichtige Beobachtung des Verfahrens zur friedlichen Regelung der internationalen Streitigkeiten die Möglichkeit gibt, ohne Anwendung von Gewalt die Fragen zu lösen, die die Staaten entzweien könnten,

haben beschlossen, ihre gemeinsamen Absichten in dieser Hinsicht in einem Vertrage zu verwirklichen, und haben zu Bevollmächtigten ernannt:

Der Deutsche Reichspräsident:
den Reichsminister des Auswärtigen Dr. *Gustav Stresemann;*

Der Präsident der Tschechoslowakischen Republik:
den Minister des Auswärtigen Dr. *Eduard Beneš;*

die, nachdem sie ihre Vollmachten ausgetauscht und in guter und gehöriger Form befunden haben, über folgende Bestimmungen übereingekommen sind:

TEIL I.

Artikel 1

Alle Streitfragen jeglicher Art zwischen Deutschland und der Tschechoslowakei, bei denen die Parteien untereinander über ein Recht im Streite sind, und die nicht auf dem Wege des gewöhnlichen diplomatischen Verfahrens gütlich geregelt werden können, sollen in der nachstehend bestimmten Weise, sei es einem Schiedsgericht, sei es dem Ständigen Internationalen Gerichtshof zur Entscheidung unterbreitet werden. Es besteht Einverständnis darüber, daß sie vorstehend erwähnten Streitfragen namentlich diejenigen umfassen, die in Artikel 13 der Völkerbundssatzung aufgeführt sind.

Diese Bestimmung findet keine Anwendung auf Streitfragen, die aus Tatsachen entsprungen sind, die zeitlich vor diesem Vertrag liegen und der Vergangenheit angehören.

Die Streitfragen, für deren Lösung in anderen zwischen den Hohen Vertragschließenden Teilen in Geltung befindlichen Abkommen ein besonderes Verfahren vorgesehen ist, werden nach Maßgabe der Bestimmungen dieser Abkommen geregelt.

Artikel 2

Vor jedem Schiedsverfahren und vor jedem Verfahren bei dem Ständigen Internationalen Gerichtshof kann die Streitfrage durch Vereinbarung der Parteien zur Herbeiführung eines Vergleichs einer ständigen internationalen Kommission, genannt „Ständige Vergleichskommission", unterbreitet werden, die gemäß dem gegenwärtigen Vertrage gebildet wird.

Artikel 3

Handelt es sich um eine Streitfrage, deren Gegenstand nach der inneren Gesetzgebung einer der Parteien zur Zuständigkeit ihrer Landesgerichte gehört, so wird der Streitfall dem im gegenwärtigen Vertrage vorgesehenen Verfahren erst dann unterworfen, wenn das innerhalb einer angemessenen Frist von der zuständigen Gerichtsbehörde des Landes erlassene Urteil die Rechtskraft erlangt hat.

Artikel 4

Die in Artikel 2 vorgesehene Ständige Vergleichskommission besteht aus fünf Mitgliedern, die wie folgt bestellt werden: Die Hohen Vertragschließenden Teile ernennen jeder einen Kommisssar ihrer Staatsangehörigkeit; sie wählen die drei übrigen Kommissare in gegenseitigem Einvernehmen unter den Staatsangehörigen dritter Mächte. Diese drei Kommissare müssen von verschiedener Staatsangehörigkeit sein; aus ihrer Mitte bezeichnen die Hohen Vertragschließenden Teile den Vorsitzenden der Kommission.

Die Kommissare werden für drei Jahre ernannt; ihre Wiederernennung ist zulässig. Sie bleiben in Tätigkeit bis zur Bestellung eines Nachfolgers und jedenfalls bis zur Beendigung der zur Zeit des Ablaufs ihres Auftrages im Gange befindlichen Arbeiten.

Stellen, die infolge Todesfalls, Amtsniederlegung oder sonstiger Behinderung frei werden, werden in kürzester Frist nach dem für die Ernennung maßgebenden Verfahren wieder besetzt.

Artikel 5

Die Ständige Vergleichskommission wird innerhalb von drei Monaten nach Inkrafttreten des gegenwärtigen Vertrags gebildet.

Erfolgt die Berufung der gemeinsam zu bestellenden Kommissare nicht innerhalb des genannten Zeitraums oder, im Falle der Ersetzung, nicht innerhalb von drei Monaten nach Freiwerden der Stelle, so wird in Ermangelung anderweitiger Vereinbarung der Schweizerische Bundespräsident gebeten werden, die erforderlichen Ernennungen vorzunehmen.

Artikel 6

Die Ständige Vergleichskommission tritt in Tätigkeit auf einen Antrag, der von den beiden Parteien in gegenseitigem Einvernehmen, oder, mangels eines solchen Einvernehmens, von einer der beiden Parteien an den Vorsitzenden zu richten ist.

Der Antrag enthält eine kurze Darstellung des Streitfalls und das Ersuchen an die Kommission, alle geeigneten Maßnahmen zur Herbeiführung eines Vergleichs anzuwenden.

Geht der Antrag von einer der Parteien aus, so wird er von dieser der Gegenpartei unverzüglich mitgeteilt.

Artikel 7

Innerhalb von 14 Tagen nach dem Tage, wo einer der Hohen Vertragschließenden Teile eine Streitfrage vor die Ständige Vergleichskommission gebracht hat, kann jede der Parteien für die Behandlung dieser Streitfrage ihren Kommissar durch eine Persönlichkeit ersetzen, die in der Angelegenheit besondere Sachkunde besitzt.

Die Partei, die von diesem Recht Gebrauch macht, teilt das unverzüglich der anderen Partei mit, der es alsdann freisteht, innerhalb von 14 Tagen nach dem Tage, wo ihr die Mitteilung zugegangen ist, das Gleiche zu tun.

Artikel 8

Der Ständigen Vergleichskommission liegt es ob, die strittigen Fragen zu klären, zu diesem Zweck alle geeigneten Auskünfte auf dem Wege einer Untersuchung oder sonstwie zu sammeln und sich zu bemühen, einen Vergleich zwischen den Parteien herbeizuführen. Sie kann nach Prüfung des Falles den Parteien die Bedingungen der ihr angemessen scheinenden Regelung mitteilen und ihnen eine Frist zur Erklärung setzen.

Nach Beendigung ihrer Arbeiten stellt die Kommission ein Protokoll auf, das je nach Lage des Falles feststellt entweder, daß sich die Parteien verständigt haben und gegebenenfalls unter welchen Bedingungen die Verständigung erfolgt ist, oder aber, daß die Parteien nicht zur Annahme eines Vergleichs gebracht werden konnten.

Die Arbeiten der Kommission müssen, wenn die Parteien nichts anderes vereinbaren, innerhalb von 6 Monaten nach dem Tage beendet sein, wo die Kommission mit dem Streitfall befaßt wurde.

Artikel 9

Vorbehaltlich einer besonderen anderweitigen Vereinbarung regelt die Ständige Vergleichskommission selbst ihr Verfahren, das in jedem Fall kontradiktorisch sein muß. Bei Untersuchungen hält sich die Kommission, wenn sie nicht einstimmig anderweitig beschließt, an die Bestimmungen des Titels III (Internationale Untersuchungskommissionen) des Haager Abkommens zur friedlichen Erledigung internationaler Streitfälle vom 18. Oktober 1907.

Artikel 10

Die Ständige Vergleichskommission tritt, sofern sich nicht die Parteien hierüber anderweitig einigen, an dem von ihrem Vorsitzenden bestimmten Orte zusammen.

Artikel 11

Die Arbeiten der Ständigen Vergleichskommission sind nur öffentlich auf Grund eines Beschlusses den die Kommission mit Zustimmung der Parteien faßt.

Artikel 12

Die Parteien werden bei der Ständigen Vergleichskommission durch Agenten vertreten, die als Mittelspersonen zwischen ihnen und der Kommission zu dienen haben; sie können sich außerdem der Hilfe von Beiräten und Sachverständigen, die sie zu diesem Zweck ernennen, bedienen und die Vernehmung aller Personen verlangen, deren Zeugnis ihnen nützlich erscheint.

Die Kommission ist ihrerseits befugt, von den Agenten, Beiräten und Sachverständigen der beiden Parteien, sowie von allen Personen, die sie mit Zustimmung ihrer Regierung vorzuladen für zweckmäßig erachtet, mündliche Erläuterungen zu verlangen.

Artikel 13

Soweit dieser Vertrag nichts anderes bestimmt, werden die Entscheidungen der Ständigen Vergleichskommission mit Stimmenmehrheit getroffen.

Artikel 14

Die Hohen Vertragschließenden Teile verpflichten sich, die Arbeiten der Ständigen Vergleichskommission zu fördern und ihr insbesondere in möglichst weitem Maße alle zweckdienlichen Urkunden und Auskünfte zu liefern, sowie die ihnen zu Gebote stehenden Mittel anzuwenden, um ihr auf dem Gebiete der Parteien und gemäß deren Gesetzgebung die Vorladung und Vernehmung von Zeugen und Sachverständigen sowie die Einnahme des Augenscheins zu ermöglichen.

Artikel 15

Für die Dauer der Arbeiten der Ständigen Vergleichskommission erhält jeder der Kommissare eine Vergütung, deren Höhe von den Hohen Vertragschließenden Teilen gemeinsam festgesetzt und die von beiden je zur Hälfte getragen wird.

Artikel 16

Kommt es vor der Ständigen Vergleichskommission nicht zu einem Vergleiche, so wird die Streitfrage mittels einer zu vereinbarenden Schiedsordnung unterbreitet: entweder dem Ständigen Internationalen Gerichtshof gemäß den in seinem Statut vorgesehenen Bedingungen und Verfahrensvorschriften oder einem Schiedsgericht gemäß den Bedingungen und Verfahrensvorschriften, die im Haager Abkommen zur friedlichen Erledigung internationaler Streitfälle vom 18. Oktober 1907 vorgesehen sind.

Können sich die Parteien über die Schiedsordnung nicht einigen, so ist jede von ihnen, nachdem sie dies einen Monat vorher angekündigt hat, befugt, die Streitfrage durch einen Antrag unmittelbar vor den Ständigen Internationalen Gerichtshof zu bringen.

TEIL II.

Artikel 17

Alle Fragen, über die die Deutsche Regierung und die Tschechoslowakische Regierung uneinig sind, ohne sie auf dem gewöhnlichen diplomatischen Wege gütlich lösen zu können, und bei denen nicht gemäß Artikel 1 dieses Vertrags die Lösung durch Richterspruch verlangt werden kann, werden, falls für ihre Regelung nicht schon durch andere zwischen den Parteien geltende Abkommen ein Verfahren vorgesehen ist, der Ständigen Vergleichskommission unterbreitet. Diese hat die Aufgabe, den Parteien eine annehmbare Lösung vorzuschlagen und jedenfalls einen Bericht zu erstatten.

Das in den Artikeln 6 bis 15 dieses Vertrags vorgesehene Verfahren findet Anwendung.

Artikel 18

Wenn sich die Parteien nicht innerhalb eines Monats nach Abschluß der Arbeiten der Ständigen Vergleichskommission verständigt haben, wird die Frage durch Antrag einer der Parteien vor den Völkerbundsrat gebracht, der gemäß Artikel 15 der Völkerbundssatzung zu befinden hat.

Allgemeine Bestimmungen

Artikel 19

In allen Fällen und namentlich dann, wenn die zwischen den Parteien strittige Frage aus bereits vollzogenen oder unmittelbar bevorstehenden Handlungen hervorgeht, wird die Ständige Vergleichskommission oder, falls diese nicht mit der Angelegenheit befaßt ist, das Schiedsgericht oder der Ständige Internationale Gerichtshof, und zwar dieser gemäß Artikel 41 seines Statuts, so schnell wie möglich anordnen, welche vorläufigen Maßnahmen zu treffen sind. Es ist Sache des Völkerbundsrats, wenn er mit der Frage befaßt wird, gleichfalls vorläufige Maßnahmen anzuordnen. Jeder der Hohen Vertragschließenden Teile verpflichtet sich, diese Anordnungen zu befolgen, sich jeder Maßnahme zu enthalten, die eine nachteilige Rückwirkung auf die Ausführung der Entscheidung oder der von der Ständigen Vergleichskommission oder dem Völkerbundsrat vorgeschlagenen Regelung haben könnte, und allgemein jegliche Handlung zu vermeiden, die geeignet wäre, die Streitigkeit zu verschärfen oder auszudehnen.

Artikel 20

Dieser Vertrag gelangt zwischen den Hohen Vertragschließenden Teilen auch dann zur Anwendung, wenn andere Mächte gleichfalls an dem Streitfall beteiligt sind.

Artikel 21

Dieser Vertrag, der der Völkerbundssatzung entspricht, berührt nicht die Rechte und Pflichten der Hohen Vertragschließenden Teile in ihrer Eigenschaft als Mitglieder des Völkerbundes und soll nicht so ausgelegt werden, als ob er die Aufgabe des Völkerbundes beschränke, die zur wirksamen Wahrung des Weltfriedens geeigneten Maßnahmen zu ergreifen.

Artikel 22

Dieser Vertrag soll ratifiziert werden. Die Ratifikationsurkunden sollen gleichzeitig mit den Ratifikationsurkunden des heute zwischen Deutschland, Belgien, Frankreich, Großbritannien und Italien geschlossenen Vertrags in Genf beim Völkerbund hinterlegt werden.

Für das Inkrafttreten des Vertrags und seine Geltungsdauer gilt das Gleiche wie für den genannten Vertrag.

Dieser in einem einzigen Exemplar ausgefertigte Vertrag soll im Archiv des Völkerbundes hinterlegt werden, dessen Generalsekretär gebeten wird, jedem der Hohen Vertragschließenden Teile beglaubigte Abschriften zuzustellen.

Geschehen zu Locarno am 16. Oktober 1925.

Str. *Dr. B.*

Anlage F.

Die Deutsche Delegation hat gewisse Klarstellungen hinsichtlich des Artikel 16 der Völkerbundssatzung verlangt.

Wir sind nicht zuständig, im Namen des Völkerbundes zu sprechen; wir zögern aber nicht, nach den in der Versammlung und den Kommissionen des Völkerbundes bereits gepflogenen Beratungen und nach den zwischen uns ausgetauschten Erläuterungen Ihnen die Auslegung mitzuteilen, die wir unsererseits dem Artikel 16 geben.

Nach dieser Auslegung sind die sich für die Bundesmitglieder aus diesem Artikel ergebenden Verpflichtungen so zu verstehen, daß jeder der Mitgliedsstaaten des Bundes gehalten ist, loyal und wirksam mitzuarbeiten, um der Satzung Achtung zu verschaffen und jeder Angriffshandlung entgegenzutreten, in einem Maße, das mit seiner militärischen Lage verträglich ist und das seiner geographischen Lage Rechnung trägt.

E. V., *A. B.*, *A. C.*, *B. M.*
Dr. *B.*, *A. S.*

8. Abkommen über den Luftverkehr zwischen dem Deutschen Reiche und der Tschechoslowakischen Republik

vom 22. Januar 1927*

Der Deutsche Reichspräsident
und
der Präsident der Tschechoslowakischen Republik

in gleicher Weise davon überzeugt, daß es im beiderseitigen Interesse Deutschlands und der Tschechoslowakei liegt, die internationalen Luftverkehrsbeziehungen in friedlichem Geiste zu fördern, haben beschlossen, zu diesem Zwecke ein Abkommen zu schließen, und haben zu ihren Bevollmächtigten ernannt:

* Abdruck nach Reichsgesetzblatt 1927 II, S. 434 ff. Das Abkommen ist am 27. März 1929 in Kraft getreten (Reichsgesetzblatt 1929, II, S. 182).

Der Deutsche Reichspräsident:
Herrn Dr. *Walter Koch*,
außerordentlichen Gesandten und bevollmächtigten
Minister, und
Herrn Dr. *Alfred Wegerdt*,
Ministerialrat im Reichsverkehrsministerium,
Der Präsident der Tschechoslowakischen Republik:
Herrn Dr. *Franz Spina*,
Minister der öffentlichen Arbeiten,
und
Herrn Dr. *Václav Girsa*,
bevollmächtigten Minister,

die, nachdem sie ihre Vollmachten ausgetauscht und in guter und gehöriger Form befunden haben, über folgende Bestimmungen übereingekommen sind:

Artikel 1

Jeder der beiden Hohen Vertragschließenden Teile gewährt in Friedenszeiten unter der Bedingung der vollen Gegenseitigkeit Luftfahrzeugen des anderen Vertragschließenden Teiles, die in diesem ordnungsmäßig eingetragen sind, bei Beachtung der in diesem Abkommen enthaltenen Bestimmungen das Recht zum Luftverkehr in seinem Hoheitsgebiete.

Die Einrichtung und der Betrieb von regelmäßigen Luftlinien eines Luftfahrtunternehmens des einen der Hohen Vertragschließenden Teile in das Gebiet des anderen Teiles und aus diesem hinaus unterliegt einer Sondervereinbarung zwischen den beiden Staaten. Hierüber ist von der zuständigen Behörde eine besondere Genehmigungsurkunde auszustellen.**

** Durch das Abkommen vom 24. März 1937 zur Änderung des Luftverkehrsabkommens (in Kraft getreten am 9. Februar 1938; Reichsgesetzblatt 1938 II, S. 49) ist Art. 1 Absatz 2 durch folgenden Wortlaut ersetzt:

Die Einrichtung und der Betrieb von regelmäßigen Luftverkehrslinien eines Luftfahrtunternehmens des einen der Vertragschließenden Teile in das Gebiet des anderen Teiles oder über dieses hinweg, mit

Als Gebiet im Sinne dieses Abkommens gilt das Gebiet des Mutterstaates einschließlich der Territorialgewässer.

Als Luftfahrzeuge im Sinne dieses Vertrages gelten die privaten Luftfahrzeuge und diejenigen staatlichen Luftfahrzeuge, die nicht als Militär-, Zoll- oder Polizeiflugzeuge verwendet werden***.

Artikel 2

Die Luftfahrzeuge des einen Vertragsteils, ihre Besatzung, Ladung und Fluggäste unterliegen, während sie sich im Hoheitsgebiet des anderen Staates befinden, den Verpflichtungen, die sich aus den in diesem Staate jeweils geltenden Bestimmungen ergeben, insbesondere den Vorschriften über den Luftverkehr im allgemeinen, soweit diese auf alle fremden Luftfahrzeuge ohne Unterschied der Nationalität Anwendung finden, ferner über Zölle und andere Abgaben, über Aus- und Einfuhrverbote, über die Beförderung von Personen und Gütern, über die öffentliche Sicherheit und Ordnung, sowie den Paßvorschriften. Sie unterliegen auch den sonstigen Verpflichtungen, die sich aus der jeweiligen allgemeinen Gesetzgebung ergeben, soweit dieses Abkommen nichts anderes vorsieht.

Die gewerbsmäßige Beförderung von Personen und Gütern zwischen zwei Punkten des eigenen Staatsgebiets kann den heimischen Luftfahrzeugen vorbehalten werden.

Die bei der Einreise an Bord befindlichen Betriebsstoffe sind zollfrei.

Artikel 3

Die beiden Vertragsteile können den Luftverkehr über bestimmten Zonen ihres Gebietes verbieten, sofern in dieser Hin-

oder ohne Zwischenlandung, unterliegen einer Sondervereinbarung zwischen den Obersten Luftfahrtbehörden der beiden Staaten.

*** Art. 1 Absatz 4 ist durch das o. a. Änderungsabkommen wie folgt ersetzt:

Als Luftfahrzeuge im Sinne dieses Vertrags gelten die privaten Luftfahrzeuge einschließlich der Freiballone und Segelflugzeuge und diejenigen staatlichen Luftfahrzeuge, die nicht als Militär-, Zoll- oder Polizeiflugzeuge verwendet werden.

sicht zwischen ihren heimischen Luftfahrzeugen und denjenigen des anderen Staates kein Unterschied gemacht wird. Die Gebietsteile, über denen der Luftverkehr verboten wird, sind dem anderen Vertragsstaate mitzuteilen.

Außerdem behält sich jeder Vertragsteil das Recht vor, unter außergewöhnlichen Umständen in Friedenszeiten den Luftverkehr über seinem Gebiet ganz oder teilweise mit sofortiger Wirkung vorläufig einzuschränken oder zu verbieten.

Artikel 4

Ein Luftfahrzeug, das über eine verbotene Zone gerät, hat das durch die Luftverkehrsordnung des überflogenen Staates vorgeschriebene Notzeichen zu geben und so bald und so nahe wie möglich auf einem außerhalb der verbotenen Zone gelegenen Flughafen dieses Staates zu landen.

Artikel 5

Die Luftfahrzeuge müssen deutlich und gut sichtbar Abzeichen haben, die ihre Feststellung während des Fluges ermöglichen (Hoheits- und Eintragungszeichen). Sie müssen außerdem den Namen und den Wohnsitz des Eigentümers tragen.

Die Luftfahrzeuge müssen mit Bescheinigungen über die Eintragung und die Lufttüchtigkeit sowie mit allen übrigen in ihrem Heimatland für den Luftverkehr vorgeschriebenen Urkunden versehen sein.

Die Luftfahrzeuge müssen ferner mit einer Bescheinigung darüber versehen sein, daß zur Sicherung von Schadenersatzforderungen, die beim Betrieb des Luftfahrzeugs im Gebiete des Vertragstaates, dem das Luftfahrzeug nicht angehört, entstanden sind, eine Haftpflichtversicherung abgeschlossen ist oder durch Hinterlegung von Geld oder Wertpapieren Sicherheit geleistet ist.

Artikel 6

Die Mitglieder der Besatzung, die im Flugzeug eine in ihrem Heimatland einer besonderen Erlaubnis unterliegende Tätigkeit ausüben, müssen mit den in ihrem Heimatlande vorgeschriebenen Ausweisen für den Luftverkehr, insbesondere mit den vorschriftsmäßigen Befähigungszeugnissen und Zulassungsscheinen versehen sein.

Die übrigen Mitglieder der Besatzung müssen mit Ausweisen versehen sein, die ihre Beschäftigung an Bord, ihren Beruf, ihre Identität und ihre Staatsangehörigkeit angeben.

Die Besatzung und die Fluggäste müssen mit den Ausweisen versehen sein, die für den zwischenstaatlichen Übergangsverkehr nach den jeweils geltenden Bestimmungen erforderlich sind, soweit nicht zwischen den beiden Vertragstaaten etwas anderes vereinbart wird.

Artikel 7

Die Lufttüchtigkeitsscheine, Befähigungszeugnisse und Zulassungsscheine, die von einem der Hohen Vertragschließenden Teile für das Luftfahrzeug oder die Besatzung ausgestellt oder anerkannt worden sind, haben im anderen Vertragstaat dieselbe Gültigkeit wie die in diesem Staat ausgestellten oder anerkannten entsprechenden Urkunden, die Befähigungszeugnisse und Zulassungsscheine der Besatzung jedoch nur für die Bedienung von Luftfahrzeugen ihres Landes.

Jeder der beiden Hohen Vertragschließenden Teile behält sich das Recht vor, für den Luftverkehr innerhalb seines Gebiets den seinen Staatsangehörigen vom anderen Vertragstaat erteilten Befähigungszeugnissen und Zulassungsscheinen die Anerkennung zu versagen.

Artikel 8

Die Luftfahrzeuge des einen der Hohen Vertragschließenden Teile dürfen im Hoheitsgebiet des anderen Vertragstaats nur insofern mit Gerät zur drahtlosen Nachrichtenübermittlung versehen sein, wie dies in beiden Vertragstaaten gestattet ist. Solches Gerät darf nur von Mitgliedern der Besatzung bedient werden, die eine besondere Erlaubnis ihres Heimatstaats mit sich führen.

Die beiden Vertragstaaten behalten sich vor, aus Sicherheitsgründen Vorschriften über die Verpflichtung zur Ausstattung von Luftfahrzeugen mit Gerät zur drahtlosen Nachrichtenübermittlung zu erlassen.

Artikel 9

Die Luftfahrzeuge, ihre Besatzung und die Fluggäste dürfen Waffen, Schießbedarf, giftige Gase, Sprengstoffe, Brieftauben und Lichtbildgerät nur mit Erlaubnis desjenigen Staates mit sich führen, in dessen Luftgebiet sich das Luftfahrzeug befindet.

Aus Gründen der öffentlichen Sicherheit kann jeder Vertragstaat in seinem Hoheitsgebiet die Beförderung oder Mitführung auch anderer als der in Absatz 1 genannten Gegenstände Einschränkungen unterwerfen, sofern in dieser Hinsicht zwischen den heimischen Luftfahrzeugen und denjenigen des anderen Vertragstaats kein Unterschied gemacht wird.

Artikel 10

Die Luftfahrzeuge, die Fluggäste und Güter mit sich führen, müssen mit einem Verzeichnis der Fluggäste und mit einem Ladungsverzeichnis, das eine Beschreibung der Art und Menge der Güter enthält, sowie mit den erforderlichen Zollerklärungen versehen sein.

Ergibt sich bei der Ankunft eines Luftfahrzeugs eine Unstimmigkeit zwischen den mitgeführten Gütern und den obenerwähnten Urkunden, so haben sich die Zollbehörden des Ankunftshafens mit den zuständigen Zollbehörden des anderen Vertragstaats unmittelbar in Verbindung zu setzen.

Die Beförderung von Post wird durch besondere Abmachungen unmittelbar zwischen den Postverwaltungen der beiden Vertragstaaten geregelt.

Artikel 11

Jeder Vertragstaat kann auf seinem Gebiete die Luftfahrzeuge des anderen Staates bei Abflug oder Landung durch die zuständigen Behörden untersuchen und die vorgeschriebenen Ausweise und sonstigen Urkunden prüfen lassen.

Artikel 12

Die dem öffentlichen Luftverkehr zur Verfügung stehenden Flughäfen sind den Luftfahrzeugen beider Staaten zugänglich.

Der meteorologische Nachrichtendienst, der Funkdienst, der Flugsicherungsdienst usw. steht den Luftfahrzeugen beider Vertragstaaten unter den gleichen Bedingungen zur Verfügung. Die etwaigen Gebühren (Landegebühr, Aufenthaltsgebühr usw) sind für die heimischen Luftfahrzeuge und diejenigen des anderen Staates gleich.

Artikel 13

Abflug oder Landung eines Luftfahrzeugs im Hoheitsgebiete des Vertragstaates, dem das Luftfahrzeug nicht angehört, darf nur auf einem dem öffentlichen Verkehr zur Verfügung stehenden Flugplatz erfolgen. Ausnahmen hiervon sind nur mit Bewilligung der zuständigen Behörde des Vertragstaates zulässig, in dessen Hoheitsgebiet der Abflug oder die Landung stattfindet.

Artikel 14

Der Einflug nach und der Ausflug von einem der beiden Vertragstaaten darf nur nach oder von einem dem öffentlichen Luftverkehr dienenden Flughafen, der ein Zollflughafen mit Paßabfertigung ist, vorgenommen werden, und zwar ohne Landung zwischen Grenze und Flughafen. In einzelnen Fällen können die zuständigen Behörden den Einflug nach und den Ausflug von anderen Flughäfen gestatten, in denen die Zoll- und Paßabfertigung vorzunehmen ist. Das Verbot der Landung zwischen der Grenze und dem Flughafen gilt auch in diesen besonderen Fällen.

Im Falle der Notlandung oder einer Landung im Sinne des Artikels 4 — im Abflugland nach der Zoll- und Paßabfertigung, im Einflugland vor der Zoll- und Paßabfertigung — haben sich der Luftfahrzeugführer, die Besatzung und die Fluggäste nach den Vorschriften zu richten, die auf dem Gebiete der Zoll- und Paßabfertigung in dem betreffenden Staate gelten.

Die beiden Hohen Vertragschließenden Teile werden einander das Verzeichnis der dem öffentlichen Luftverkehr dienenden Flughäfen mitteilen. Dieses Verzeichnis wird diejenigen Flughäfen besonders aufführen, die Zollflughäfen sind und Gelegenheit zur Paßabfertigung bieten. Jede Änderung in diesem Verzeichnis und jede auch nur vorübergehende Einschränkung der

Benutzungsmöglichkeit eines dieser Flughäfen ist dem anderen Vertragsteil unverzüglich mitzuteilen.

Artikel 15

Die gemeinsamen Grenzen der beiden Hohen Vertragschließenden Teile dürfen nur zwischen Punkten überflogen werden, die in gemeinsamer Vereinbarung der zuständigen Behörden festzulegen sind. Die nicht gemeinsamen Grenzen sind zwischen Punkten zu überfliegen, die durch den in Frage kommenden Vertragsteil bestimmt worden sind.

Eine Zone, die ein Vertragsteil seinen eigenen oder fremden Luftfahrzeugen für den Überflug seiner Grenzen eingeräumt hat, steht ohne weiteres auch den Luftfahrzeugen des anderen Vertragsteiles offen.

Artikel 16

Als Ballast darf nur feiner Sand und Wasser abgeworfen werden.

Artikel 17

Unterwegs dürfen Gegenstände oder Stoffe außer Ballast nur abgeworfen oder sonst entfernt werden, wenn der Staat, dessen Hoheitsgebiet betroffen wird, die Erlaubnis hierfür besonders erteilt hat.

Beim Abwerfen von Abfallstoffen aus unterwegs befindlichen Luftfahrzeugen sind die hierauf bezüglichen Vorschriften des Vertragstaates zu beachten in dessen Gebiet die Handlung vorgenommen wird.

Artikel 18

Soweit bei Ausführung dieses Abkommens Fragen der Nationalität zu berücksichtigen sind, besteht Einverständnis darüber, das die Luftfahrzeuge die Nationalität des Staates besitzen, in dessen Register sie ordnungsmäßig eingetragen sind.

Ein Luftfahrzeug kann in einem der beiden Staaten nur dann eingetragen werden, wenn es ganz im Eigentum von Angehörigen dieses Staates steht. Wenn eine juristische Person oder eine Gesellschaft irgendeiner Art Eigentümerin ist, muß sie den Anforderungen entsprechen, welche die deutsche oder die tschechoslowakische Gesetzgebung jeweils vorschreibt, damit sei als deutsche oder tschechoslowakische juristische Person oder Gesellschaft angesehen werden kann.

Artikel 19

Ein Luftfahrzeug, das in einen der beiden Vertragstaaten einfliegt oder sein Gebiet überfliegt und dort nur, soweit erforderlich, landet und Aufenthalt nimmt, kann sich einer Beschlagnahme, die wegen Verletzung eines Patents oder gesetzlich geschützten Musters (Modells) bewirkt wird, durch Hinterlegung einer Sicherheit entziehen, deren Höhe mangels gütlicher Vereinbarung in möglichst kurzer Frist von der zuständigen Behörde des Ortes der Beschlagnahme festzusetzen ist.

Artikel 20

Die Luftfahrzeuge des anderen Vertragstaates haben bei Landung, insbesondere in Notfällen, Anspruch auf Benutzung der gleichen Hilfseinrichtungen wie die heimischen Luftfahrzeuge.

Die Rettung der Luftfahrzeuge, die auf hoher See in Not geraten sind, richtet sich vorbehaltlich gegenteiliger Abmachung nach den Grundsätzen des Seerechts, wie sie sich aus den jeweiligen internationalen Vereinbarungen oder in deren Ermangelung aus den Gesetzen des Staates, dem die Retter angehören, ergeben.

Artikel 21

Die beiden Hohen Vertragschließenden Teile werden sich alle für den Luftverkehr in ihrem Gebiete geltenden Vorschriften mitteilen.

Artikel 22

Die Einzelheiten der Ausführung dieses Abkommens (insbesondere die Zollformalitäten) werden, soweit erforderlich und möglich, durch unmittelbare Verständigung zwischen den einzelnen zuständigen Verwaltungen der beiden Vertragsteile geregelt.

Streitigkeiten, welche die Ausführung dieses Abkommens betreffen und nicht auf dem üblichen diplomatischen Wege beigelegt werden können, werden gemäß den Bestimmungen des deutsch-tschechoslowakischen Schiedsabkommens vom 16. Oktober 1925 geregelt.

Artikel 23

Jeder der Hohen Vertragschließenden Teile kann dieses Abkommen zu jedem Zeitpunkte mit einer Frist von zwölf Monaten kündigen. Die Frist von zwölf Monaten beginnt mit dem auf den Kündigungstag folgenden 1. Januar.

Jeder Vertragstaat wird Zuwiderhandlungen, die in seinem Hoheitsgebiet von Luftfahrtunternehmen oder Luftfahrzeugen des anderen Vertragstaats sowie von deren Besatzungen gegen die Bestimmungen dieses Abkommens begangen werden, dem anderen Vertragstaate mitteilen.

Artikel 24

Dieses Abkommen soll ratifiziert werden; die Ratifikationsurkunden sollen baldmöglichst in Berlin ausgetauscht werden. Es tritt mit dem Tage des Austausches der Ratifikationsurkunden in Kraft.

Zu Urkund dessen haben die Bevollmächtigten dieses Abkommens unterzeichnet.

Ausgefertigt in doppelter Urschrift in deutscher und tschechoslowakischer Sprache in Prag am zweiundzwanzigsten Januar eintausendneunhundertsiebenundzwanzig.

Dr. *Walter Koch*
Dr. *Alfred Wegerdt*
Dr. *F. Spina*
Dr. *Girsa*

Zusatzprotokoll

Bei Unterzeichnung des am heutigen Tage zwischen dem Deutschen Reiche und der Tschechoslowakischen Republik abgeschlossenen Abkommens über den Luftverkehr haben die beiderseitigen Bevollmächtigten folgende übereinstimmende Erklärung abgegeben, welche einen integrierenden Bestandteil des Abkommens bilden:

1. Die Vertragschließenden Teile sind darüber einig, daß die gemäß Art. 1 Abs. 2 des vorstehenden Abkommens einzurichtenden regelmäßigen Luftverkehrslinien grundsätzlich gleichzeitig von je einem Luftverkehrsunternehmen der beiden Vertragstaaten betrieben werden sollen und daß jeder der beiden Vertragstaaten berechtigt ist, nach eigenem Ermessen diese Luftverkehrsunternehmen zu benennen, ohne daß es hierbei der Zustimmung des anderen Vertragstaates bedarf. Die Zustimmung des anderen Vertragstaates ist nur dann erforderlich, wenn das von dem einen Vertragstaat benannte Luftverkehrsunternehmen nicht die Nationalität dieses Vertragstaates besitzt.

Wenn bei der Einrichtung einer Luftverkehrslinie nicht in der Weise verfahren werden kann, daß sie gleichzeitig von je einem Luftverkehrsunternehmen der beiden Vertragstaaten betrieben wird, so besteht Einverständnis zwischen den beiden Vertragsteilen darüber, daß bei der Einrichtung einer anderen Luftverkehrslinie ein Ausgleich im Wege einer zwischen den zuständigen Behörden beider Vertragsteile zu treffenden Vereinbarung geschaffen werden soll.

2. Die Vertragschließenden Teile sind darüber einig, daß es Aufgabe eines jeden Teiles ist, in seinem Staate dahin zu wirken, daß die die Luftverkehrslinien betreibenden Luftverkehrsunternehmen in den angeflogenen Flughäfen die für den Luftverkehr erforderlichen technischen Einrichtungen vorfinden und benützen können.

3. Die Vertragschließenden Teile behalten sich vor, durch Abmachungen unmittelbar zwischen den zuständigen Behörden beider Staaten die gewerbsmäßige Beförderung von Personen und Sachen durch Luftfahrzeuge, die nicht im Rahmen der regelmäßigen Luftverkehrslinien erfolgt, einer besonderen Regelung zu unterziehen.

4. Die Vertragschließenden Teile sind darüber einig, daß als Betriebstoffe im Sinne des Art. 2 Abs. 3 solche Stoffe nicht anzusehen sind, die im Inlande abgegeben oder an Bord genommen oder zu reinen Inlandsflügen verwendet werden.

5. Zur Erleichterung des Betriebes der regelmäßigen Luftverkehrslinien wird jeder der beiden Vertragstaaten die von dem

anderen Staate für die Besatzung der Luftfahrzeuge seiner Luftverkehrslinie ausgestellten Befähigungszeugnisse und Zulassungsscheine (Art. 7 Abs. 1) auch für die Bedienung der Luftfahrzeuge gleicher Art seiner heimischen Luftverkehrslinie anerkennen.

6. Die im Artikel 14 Absatz 1 Satz 2 erwähnte Bewilligung ist auf dem Wege über die Luftfahrtbehörde bei der zuständigen Zollbehörde rechtzeitig nachzusuchen. Die Kosten der Zoll- und Paßabfertigung hat in diesem Falle der Antragsteller zu tragen.

7. Die Vertragschließenden Teile sind darüber einig, daß bei der Bildung eines Sportverbandes für Luftfahrzeuge, die nicht dem regelmäßigen Linienverkehr dienen, die Einführung eines Passierscheinverfahrens (Triptyk oder Carnet de passage en douane) gegen generelle Zollsicherstellung in Aussicht genommen werden soll.

Prag, am zweiundzwanzigsten Januar im Jahre eintausendneunhundertsiebenundzwanzig.

Dr. *Walter Koch*
Dr. *Alfred Wegerdt*

9. Vertrag zwischen dem Deutschen Reich und der Tschechoslowakischen Republik zur Regelung der Grenzverhältnisse an der im Artikel 83 des Vertrags von Versailles vom 28. Juni 1919 beschriebenen Staatsgrenze*

vom 3. Februar 1927

Nachdem die deutsch-tschechoslowakische Grenzfestsetzungskommission, die auf Grund des Artikel 83 Abs. 2 des Vertrags von Versailles zwischen den alliierten und assoziierten Mächten und Deutschland vom 28. Juni 1919 zusammengetreten war, ihre Arbeiten beendet hat, sind

* Abdruck nach Reichsgesetzblatt 1927 II, S. 1150 ff.

das Deutsche Reich
einerseits
und die
Tschechoslowakische Republik
andererseits

in dem Bestreben, die auf die neue Grenzziehung bezüglichen Fragen zu regeln, übereingekommen, entsprechend den Bestimmungen des Artikel VII des diesem Vertrag in Abschrift beigefügten Schlußprotokolls der Grenzfestsetzungskommission vom 28. März 1924 bis zu dem in Aussicht genommenen Abschluß eines allgemeinen Vertrags für die gesamte deutsch-tschechoslowakische Grenze einen vorläufigen Vertrag zur Regelung der Grenzverhältnisse an der im Artikel 83 des Vertrags von Versailles vom 28. Juni 1919 beschriebenen Staatsgrenze zu schließen.

Demzufolge haben sich die beiderseitigen Bevollmächtigten, nämlich

für das Deutsche Reich:
der Gesandte Herr Dr. *Paul Eckardt,*

für die Tschechoslowakische Republik:
der Kommissar für Grenzangelegenheiten
Herr Ing. *Vaclav Roubik*

nach Vorlegung ihrer in guter und gehöriger Form befundenen Vollmachten über die folgenden Bestimmungen geeinigt:

Abschnitt I

Festsetzung und Beurkundung der Staatsgrenze

Artikel 1

Die im Artikel 83 des Vertrags von Versailles vom 28. Juni 1919 beschriebene Staatsgrenze zwischen dem Deutschen Reich und der Tschechoslowakischen Republik ist in den Jahren 1920 und 1923 durch die Grenzfestsetzungskommission an Ort und Stelle festgesetzt, vermarkt und aufgemessen worden. Das Ergebnis der Feststellungen und Aufmessungen ist in 3 übereinstimmenden Urkundenwerken niedergelegt, von denen je eine Ausfertigung der Botschafterkonferenz und den beiderseitigen Regierungen zugegangen ist.

Artikel 2

(1) Soweit nicht die Urkundenwerke (Artikel 1) den Verlauf der Grenzlinie in allen Einzelheiten festlegen, sollen die Vermessungsergebnisse maßgebend sein, die in besonderen Feldrissen noch nachzuweisen, zu prüfen und anzuerkennen sein werden.

(2) Diese Feldrisse werden von deutscher Seite bei der Landesgrenzstelle des Reichsministeriums des Innern, von tschechoslowakischer Seite im Archive des Ministeriums für öffentliche Arbeiten niedergelegt werden.

Artikel 3

(1) Wenn die Grenzbeschreibungen, die Karten der Urkundenwerke und die Feldrisse nicht übereinstimmen, geben die Feldrisse den Ausschlag.

(2) Wenn die Feldrisse mit den örtlich ermittelten Maßen nicht übereinstimmen, ohne daß etwa die Grenzzeichen von der Stelle gerückt worden sind, so sind die örtlichen Ergebnisse maßgebend.

Artikel 4

Die Grenzlinie auf der Erdoberfläche grenzt auch das Hoheitsgebiet unter und über der Erde ab.

Abschnitt II

Straßen und Wege an der Grenze

Artikel 5

(1) Die beiden Staaten werden dafür Sorge tragen, daß die jeweils als Übergänge mit Zoll- und Paßkontrolle (Zollstraßen) oder als Übergänge für den kleinen Grenzverkehr zugelassenen öffentlichen Straßen und Wege mit den zugehörigen Anlagen von den dazu gesetzlich oder sonst Verpflichteten so unterhalten werden, wie es den Verkehrsbedürfnissen entspricht.

(2) Die einheitliche Durchführung der Unterhaltung von Anlagen (Brücken, Durchlässen usw), die zu den im Abs. 1 angeführten Straßen und Wegen gehören und durch die Grenze durchschnitten werden, sowie die angemessene Verteilung der Kosten bleibt einer Verständigung der zuständigen Behörden der beiden Teile vorbehalten.

Artikel 6

(1) Öffentliche Straßen und Wege, deren Mittellinie die Staatsgrenze bildet (Grenzstraßen, Grenzwege), werden mit den zugehörigen Anlagen von den dazu gesetzlich oder sonst Verpflichteten gemeinschaftlich unterhalten. Die zuständigen Behörden beider Teile werden sich noch verständigen, wie die Unterhaltung einheitlich durchgeführt und der Kostenaufwand angemessen verteilt sowie der Verkehr geregelt wird.

(2) Diejenigen im Abs. 1 bezeichneten Straßen und Wege, die zu erhalten beiderseits kein Bedürfnis mehr besteht, werden im gegenseitigen Einvernehmen eingezogen; die Grenzvermarkung wird entsprechend geändert.

Artikel 7

(1) Zur Benutzung der Grenzstraßen und Grenzwege in ihrer ganzen Breite bedarf es nicht der sonst zur Überschreitung der Grenze erforderlichen Ausweise.

(2) Bei Benutzung der Grenzstraßen und Grenzwege in ihrer ganzen Breite dürfen Beamte und Bedienstete, die nach ihrer ordnungsmäßigen Dienstbestimmung den öffentlichen Sicherheits-, Grenzüberwachungs-, Zoll-, Post- oder Telegraphendienst versehen, Dienstkleidung, gegebenenfalls mit Einschluß des Seitengewehrs, bei Ausübung ihres Dienstes gegebenenfalls auch Schußwaffen tragen. Sie dürfen jedoch dabei Amtshandlungen außerhalb des Gebiets ihres Staates ohne eine besondere Verständigung zwischen den vertragschließenden Teilen nicht vornehmen.

Artikel 8

Abteilungen der Wehrmacht oder militärisch bewaffnete Personen beider Staaten, die nach ihrer ordnungsmäßigen Dienstbestimmung nicht den öffentlichen Sicherheits-, Grenzüberwachungs- oder Zolldienst an der Grenze zu versehen haben, dürfen die Grenzstraßen und Grenzwege nicht benutzen.

Artikel 9

Waren, die auf Grenzstraßen und Grenzwegen zwischen verschiedenen Orten desselben Staates befördert werden, sind bei

Benutzung des außerhalb dieses Staates gelegenen Straßen- oder Wegeteils so anzusehen, als ob sie innerhalb des Staates verblieben wären.

Artikel 10

Neue Straßen und Wege über die Grenze sowie neue Brücken über Grenzwasserläufe dürfen nur angelegt werden, wenn die von den Regierungen beider Staaten bestimmten Behörden einverstanden sind.

Artikel 11

Die mit der Unterhaltung und Herstellung von Straßen, Wegen und Brücken an der Grenze beauftragten Behörden beider Staaten können in diesen Angelegenheiten unmittelbar miteinander verkehren.

ABSCHNITT III

Gewässer an der Grenze

TEIL 1

Grenzwasserläufe

Artikel 12

(1) Gemäß Artikel VI des Schlußprotokolls der deutsch-tschechoslowakischen Grenzfestsetzungskommission vom 28. März 1924 bildet bei Wasserläufen, welche die Grenze bezeichnen (Grenzwasserläufe), die Mittellinie des Wasserlaufs die Staatsgrenze.

(2) Die im Abs. 1 bestimmte Staatsgrenze folgt den allmählichen natürlichen Veränderungen des Wasserlaufs. Bei sonstigen Veränderungen bleibt bis auf weiteres die vor der Änderung vorhanden gewesene Mittellinie des Wasserlaufs die Staatsgrenze.

Artikel 13

Eigentum an Grenzwasserläufen sowie sonstige Rechte und Pflichten an ihnen richten sich, soweit in diesem Vertrage nicht etwas anderes bestimmt ist, nach den Gesetzen des Staates, in dessen Hoheitsgebiet der betreffende Teil des Wasserlaufs gelegen ist.

TEIL 2
Bestehende Wasserrechte und Wasseranlagen

Artikel 14

Die bestehenden Wasserrechte an den Grenzwasserläufen und an den von der Staatsgrenze durchschnittenen Wasserläufen — an diesen, soweit die Wasserrechte durch die Grenze betroffen werden — sowie Wasserrechte an der Grenze überhaupt werden von beiden Staaten als auch weiterhin zu Recht bestehend anerkannt. Dasselbe gilt für den Gemeingebrauch an Grenzwasserläufen.

Artikel 15

Die zur Zeit des Inkrafttretens dieses Vertrags bereits in das Wasserbuch oder das Grundbuch eingetragenen Wasserrechte (Artikel 14) sind binnen 6 Monaten nach Inkrafttreten dieses Vertrages, die später erfolgenden Eintragungen binnen 3 Monaten nach ihrer Eintragung von den zuständigen Behörden des einen Staates denen des andern Staates mitzuteilen.

Artikel 16

Die bisherigen privatrechtlichen Vereinbarungen zwischen Eigentümern von Wasseranlagen und anderen Beteiligten über die Wasserbenutzung bleiben weiterhin auch dann aufrechterhalten, wenn infolge der Grenzänderung eine der beteiligten Personen der Gebietshoheit des andern Staates unterstellt wurde.

Artikel 17

Unterhaltungsverpflichtungen, Dienstbarkeiten und sonstige Verbindlichkeiten, die mit Wasserrechten der im Artikel 14 bezeichneten Art zusammenhängen, bleiben auch fernerhin ohne Rücksicht darauf aufrechterhalten, ob sich die Anlage, auf die sich das Wasserrecht oder die Pflicht bezieht, auf dem Gebiete des einen oder des andern Staates befindet oder ob die verpflichteten oder berechtigten Personen der Gebietshoheit des einen oder des andern Staates unterstellt sind.

Artikel 18

Denjenigen Personen, die mit der Vermessung, Durchführung, Unterhaltung oder Bedienung von Wasserbauten an der Grenze

(Kunst-, Regulierungs-, Meliorationsbauten u. dergl.) betraut sind, den Besitzern der Anlagen an den im Artikel 14 bezeichneten Wasserläufen und ihren Beauftragten sowie den nach Artikel 17 Verpflichteten und ihren Beauftragten sind nach näherer Verständigung der beiderseitigen zuständigen Behörden beim Überschreiten der Grenze zwecks Durchführung ihrer Arbeiten, Ausübung ihrer Rechte oder Erfüllung ihrer Pflichten alle zulässigen Erleichterungen zu gewähren.

Artikel 19

Die beiden Staaten werden jeder auf seinem Gebiete dafür sorgen, daß die Anlagen an den im Artikel 14 bezeichneten Gewässern ordnungsgemäß unterhalten und betrieben sowie in ihrem Betriebe nicht gestört werden.

Artikel 20

(1) Die Unterlieger im Gebiete des einen Staates sind zur Aufnahme des aus dem Gebiete des andern Staates oberirdisch außerhalb eines Wasserlaufs natürlich abfließenden Wassers sowie des Dränagewassers im gegenwärtigen Umfang verpflichtet.

(2) Das durch künftige Bodenverbesserungen zugeleitete Wasser haben die Unterlieger nach einer von den beiderseitigen Behörden vorgenommenen gemeinsamen Regelung, gegebenenfalls gegen Entschädigung, aufzunehmen.

TEIL 3

Neue Wasserrechte und Wasseranlagen

Artikel 21

Wenn durch eine Anlage eine bedeutendere oder dauernde Änderung der Abflußverhältnisse eines Grenzwasserlaufs oder eines von der Grenze durchschnittenen Gewässers verursacht werden könnte, wird jeder der beiden Staaten auf die gerechtfertigten Ansprüche der Interessenten des andern Staates Rücksicht nehmen.

Artikel 22

(1) Die beiden Staaten werden solche Bauten fördern, welche die Sicherung der Grenzwasserläufe und ihres Überschwem-

mungsgebiets gegen Hochwasserschäden, die Schaffung ausreichender Vorflut, die Entwässerung und Bewässerung der Grundstücke und endlich die Ausnutzung der Wasserkraft der Grenzwasserläufe zum Zweck haben. Insbesondere ist bei Regulierungen darauf zu achten, daß eine übermäßige Trockenlegung der an der einen oder andern Seite gelegenen Grundstücke vermieden und daß deren Bewässerung ermöglicht werde.

(2) Bei Entscheidungen über die Bewilligung neuer Wasserrechte ist darauf zu achten, daß nicht auch jene Wassermenge vergeben werde, die für die Bewässerung der anliegenden Grundstücke erforderlich ist.

TEIL 4

Behörden und Verfahren

Artikel 23

(1) Die Entscheidungen in Wasserangelegenheiten werden von jedem der vertragschließenden Staaten grundsätzlich für sein Hoheitsgebiet getroffen.

(2) Verwaltungsmaßnahmen sind grundsätzlich nur im Einverständnis der zuständigen Behörden beider Staaten zu ergreifen, soweit sie sich auf Grenzwasserläufe und auf solche Rechte an den von der Grenze durchschnittenen Wasserläufen, die durch die Grenze betroffen werden, sowie auf Wasserrechte an der Grenze überhaupt beziehen. Bei Gefahr im Verzuge können an Grenzwasserläufen einseitige Uferschutzmaßnahmen noch vor der Erzielung des Einverständnisses in Angriff genommen werden; gleichzeitig ist jedoch behufs nachträglicher Herstellung des Einverständnisses die zuständige Behörde des andern Staates hiervon in Kenntnis zu setzen.

(3) Bei neuen Wasseranlagen an Grenzwasserläufen die ganz auf dem Gebiete des einen der vertragschließenden Staaten errichtet werden sollen, ist das Einverständnis der zuständigen Behörden des andern Staates für die Genehmigung der neuen Anlage und für die Verleihung des neuen Wasserrechts erforderlich.

(4) Bei neuen Wasseranlagen an Grenzwasserläufen und sonstigen von der Grenze durchschnittenen Gewässern, die auf

dem Gebiete beider vertragschließenden Staaten errichtet werden sollen, oder bei Anlagen im Gebiete des einen Staates, die einen Rückstau im Gebiete des andern Staates hervorrufen, hat jede der zuständigen Behörden über den auf dem eigenen Staatsgebiete zu errichtenden Teil der Anlage oder über den Rückstau Entscheidung zu treffen. Hierbei ist nach Möglichkeit auf eine gleichzeitige oder doch zusammenhängende Durchführung beider Verfahren Bedacht zu nehmen und behufs Vermeidung von Widersprüchen im Inhalt der beiderseitigen Bewilligungsurkunden das Einvernehmen zwischen den beiden Behörden herzustellen.

(5) Bei neuen Wasseranlagen, die ganz im Gebiete des einen Staates errichtet werden sollen, durch die aber Rechte oder Interessen im Gebiete des andern Staates beeinträchtigt werden könnten, wird die Wasserpolizeibehörde des erstbezeichneten Staates mit der Wasserpolizeibehörde des andern Staates in Verbindung treten, um einen Ausgleich der beiderseitigen Rechte und Interessen herbeizuführen.

(6) Die Bestimmungen in den Absätzen 1 bis 5 gelten auch für alle zur Zeit des Inkrafttretens dieses Vertrags anhängigen Sachen.

Artikel 24

Alle Wasserrechte, die auf Grund des Einverständnisses der zuständigen Behörden beider Staaten oder durch die Entscheidung des im Artikel 35 bezeichneten Schiedsgerichts begründet werden, sind in die Wasserbücher beider Staaten einzutragen.

Artikel 25

Die Behörden beider Staaten, die in Anwendung der Bestimmungen des Abschnitt III dieses Vertrags tätig werden, können unmittelbar miteinander verkehren.

Abschnitt IV

Sicherstellung des Grenzverlaufs sowie Unterhaltung der Grenzzeichen und der Grenzvermessungsmarken

Artikel 26

Beide Staaten verpflichten sich, die Grenzzeichen, Vermessungsmarken und andere Einrichtungen zur Bezeichnung der

Staatsgrenze gegen Beseitigung, Beschädigung oder mißbräuchliche Benutzung zu schützen und dafür zu sorgen, daß die Beschaffenheit, Form, Lage und Richtung der Ufer und Betten der Grenzwasserläufe soweit wie möglich unverändert erhalten werden.

Artikel 27

(1) Beide Staaten verpflichten sich, überall da, wo die Grenze durch Wälder oder Gebüsch verläuft, einen Geländestreifen von je 1 m Breite zu beiden Seiten der Grenzlinie dauernd ausgelichtet zu erhalten und zu verhindern, daß in diesem Geländestreifen Anlagen errichtet werden, wodurch die Deutlichkeit der Grenze beeinträchtigt oder ihr Begehen erschwert werden könnte.

(2) Schon bestehende Anlagen brauchen erst bei einer Erneuerung so eingerichtet zu werden, wie es im Absatz 1 vorgesehen ist.

Artikel 28

Auf der Staatsgrenze dürfen Eigentumsgrenzzeichen nur errichtet werden, wenn die beiderseitigen im Artikel 30 Absatz 2 bezeichneten Behörden zustimmen.

Artikel 29

Grenzmängel festzustellen, werden deutscherseits die an der Staatsgrenze diensttuenden Reichs-, Staats- und Gemeindebediensteten, tschechoslowakischerseits die Finanzwache beauftragt. Diese haben Beschädigungen oder Gefährdungen von Grenzzeichen, Verdunkelungen der Grenzlinie oder Zuwiderhandlungen gegen die Grenzfreihaltungspflicht den Dienststellen (Artikel 30 Absatz 1) zu melden.

Artikel 30

(1) Grenzmängel zu beseitigen, werden deutscherseits die preußischen Landratsämter, tschechoslowakischerseits die politischen Behörden I. Instanz für ihren Amtsbereich beauftragt.

(2) Soweit Grenzmängel nur mit Hilfe der Grenzurkunden beseitigt werden können oder ihre Beseitigung eine Änderung der Angaben in den Vermessungsurkunden erforderlich macht,

werden deutscherseits die Beamten der zuständigen Vermessungsbehörden, tschechoslowakischerseits die vom Ministerium für öffentliche Arbeiten damit betrauten Beamten die Arbeiten ausführen.

(3) Kann aus besonderen Gründen ein Grenzzeichen nicht an seinem bisherigen Standort bleiben oder kann es nicht wieder dort aufgestellt werden, so ist der neue Standort nach der Örtlichkeit auszuwählen. Der neue Standort ist im Anschluß an die Polygonzüge und das Hilfsliniennetz zahlenmäßig zu bestimmen, die bei der Grenzfestsetzung benutzt worden sind.

(4) Die Dienststellen beider Staaten (Absatz 1, 2) dürfen zur Behebung von Grenzmängeln unmittelbar miteinander verkehren.

Artikel 31

(1) Jeder Staat unterhält auf seine Kosten die Grenzzeichen, die ganz auf seinem Gebiete stehen.

(2) Von den Grenzzeichen, die auf der Grenzlinie selbst stehen, werden auf deutsche Kosten die von Stein Nr. 72 ausschließlich bis Nr. 120 und von Stein Nr. 146 ausschließlich bis Nr. 171, auf tschechoslowakische Kosten die von Stein Nr. 1 bis 72 und von Stein Nr. 120 ausschließlich bis Nr. 146 unterhalten. Wenn die Mitwirkung der Vermessungsbeamten beider Teile gemäß Artikel 30 Absatz 2 erforderlich wird, ist an Ort und Stelle eine Niederschrift in den Sprachen beider Staaten doppelt anzufertigen und den zuständigen Behörden zu übermitteln; beizufügen sind die Feldbücher, Handrisse usw., die dabei aufgenommen und anerkannt worden sind.

(3) Jeder Staat trägt die persönlichen Kosten, die durch die Mitwirkung seiner Vermessungsbeamten entstehen.

Artikel 32

(1) Die mit der Grenzunterhaltung betrauten Beamten und die Arbeiter in ihrer Begleitung dürfen bei ihrer Tätigkeit die Grenze frei begehen und überschreiten und ihren Mundvorrat sowie sonstigen den Umständen angemessenen Reisebedarf und die bei ihren Arbeiten nötigen gebrauchten Geräte und Instrumente, ohne deswegen zur Vorführung beim Zollamt verpflich-

tet zu sein, frei von Zöllen und Abgaben mit sich führen. Hierbei ist Voraussetzung, daß die Geräte und Instrumente sowie unverbrauchte Gegenstände des Reisebedarfs bei der Rückkehr wieder mit zurückgebracht werden. Den beiden Zollverwaltungen bleibt es unbenommen, an Ort und Stelle eine Zollkontrolle vorzunehmen. Die mit der Grenzunterhaltung betrauten Beamten müssen Ausweise bei sich führen und auf Verlangen der Grenzbeamten vorzeigen. Die Ausweise werden von der im Artikel 30 Absatz 1 bezeichneten Behörde des Heimatlandes des Beamten ausgestellt. Dabei sind in den Sprachen beider Staaten abgefaßte Vordrucke nach dem anliegenden Muster zu verwenden. Über Größe und Farbe der Ausweise bleibt eine Verständigung vorbehalten. Werden Arbeiter beschäftigt, so hat der Leiter der Arbeiten ein namentliches Verzeichnis der Arbeiter bei sich zu führen. Die Arbeiter müssen weiße, mit fortlaufenden Nummern versehene, amtlich abgestempelte Binden am linken Arm tragen. Die Leiter der Arbeiten haben dafür zu sorgen, daß die ihnen unterstellten Personen die sie angehenden Bestimmungen genau einhalten. Wer den Bestimmungen zuwiderhandelt, darf nicht weiter zu den Unterhaltungsarbeiten herangezogen werden.

(2) Von jeder Grenzunterhaltungsarbeit haben die im Artikel 30 bezeichneten Behörden der beiden Staaten einander und die zuständige Zollstelle des andern Staates, und zwar möglichst 6 Tage vorher zu benachrichtigen.

Artikel 33

(1) Alle zehn Jahre, zunächst 1937, findet nach Vereinbarung zwischen den im Artikel 30 Absatz 2 bezeichneten Behörden durch deren Beauftragte eine gemeinsame Grenzbesichtigung statt. Vertreter anderer Behörden sowie beteiligte Privatpersonen zuzuziehen, steht jeder Seite frei. Die Besichtigung leitet der Beauftragte der Behörde des Staates, dem die Unterhaltung des Grenzabschnitts nach Artikel 31 Absatz 2 obliegt.

(2) Die Grenzbesichtigung ist an Hand der Urkunden vorzunehmen; vorgefundene kleine Grenzmängel sind zu beheben oder die erforderlichen Arbeiten zu veranlassen.

(3) Über das Besichtigungsergebnis wird an Ort und Stelle eine Niederschrift in den Sprachen der beiden Staaten doppelt hergestellt und den zuständigen Behörden übermittelt.

(4) Jeder Staat trägt die persönlichen Kosten für die von ihm gemäß Absatz 1 zugezogenen Personen; für die sachlichen Kosten gelten die Bestimmungen des Artikel 31 Absatz 1, 2.

Abschnitt V

Allgemeine und Schlußbestimmungen

Artikel 34

Die vertragschließenden Staaten werden sich die zuständigen Behörden im Sinne dieses Vertrags gegenseitig mitteilen.

Artikel 35

(1) Wenn über die Auslegung oder Anwendung dieses Vertrags eine Streitigkeit entstehen sollte, so soll diese auf Verlangen eines der beiden Staaten einem Schiedsgericht zur Entscheidung vorgelegt werden. Dies gilt auch für die Vorfrage, ob sich die Streitigkeit auf die Auslegung oder Anwendung des Vertrags bezieht. Die Entscheidung des Schiedsgerichts soll verbindliche Kraft haben. Das Schiedsgericht wird für jeden Streitfall in der Weise gebildet, daß jeder Staat einen seiner Staatsangehörigen zum Schiedsrichter ernennt und daß beide Teile einen Angehörigen eines dritten Staates zum Obmann wählen. Einigen sich die vertragschließenden Teile nicht binnen 1 Monat, nachdem das Verlangen auf schiedsgerichtliche Entscheidung eingegangen ist, über die Wahl des Obmanns, so werden sie gemeinsam den Präsidenten des Verwaltungsrats des Ständigen Schiedshofs im Haag um Ernennung des Obmanns ersuchen. Die beiden vertragschließenden Staaten behalten sich vor, sich von vornherein für einen bestimmten Zeitraum über die Person des Obmanns zu verständigen. Die aus der Mitwirkung des Obmanns entstehenden Kosten trägt jeder Teil zur Hälfte.

(2) Das Schiedsgericht soll auch in den Fällen der Artikel 5, 6 und des Artikel 23 Absatz 2 bis 4 unter gerechter Abwägung der Interessen der Beteiligten eine bindende Entscheidung treffen, wenn die zuständigen Behörden der beiden vertragschließenden Staaten nicht zu einer Einigung gelangt sind.

Artikel 36

Unberührt von diesem Vertrage bleiben, abgesehen von Artikel 9 und von Artikel 32 Absatz 1, die Zollvorschriften beider Staaten sowie andere Vereinbarungen zwischen ihnen.

Artikel 37

(1) Dieser Vertrag soll ratifiziert werden, und die Ratifikationsurkunden sollen sobald wie möglich in Prag ausgetauscht werden.

(2) Der Vertrag tritt 4 Wochen nach dem Austausch der Ratifikationsurkunden in Kraft, und gilt, bis er im beiderseitigen Einvernehmen abgeändert oder aufgehoben wird.

Zu Urkund dessen haben die Bevollmächtigten diesen Vertrag unterzeichnet und mit ihren Siegeln versehen.

Geschehen in Berlin am 3. Februar 1927

in doppelter Ausfertigung in deutscher und tschechoslowakischer Sprache, wobei beide Wortlaute gleiche Geltung haben.

(L. S.) *Paul Eckardt*

(L. S.) Ing. *V. Roubik*

10. Vereinbarung über tschechoslowakische landwirtschaftliche Wanderarbeiter vom 11. Mai 1928*

I.

Die Wanderung der tschechoslowakischen landwirtschaftlichen Wanderarbeiter ist Saisonwanderung.

II.

Bei der Anwerbung, Vermittlung und Verpflichtung tschechoslowakischer landwirtschaftlicher Wanderarbeiter sind auf deutscher Seite grundsätzlich die Deutsche Arbeiterzentrale und auf tschechoslowakischer Seite die staatlichen Arbeitsämter tätig.

* Abdruck nach Reichsgesetzblatt 1928 II, S. 492 ff.

III.

Die Verpflichtung der Arbeiter erfolgt auf den Arbeitsvertrag für ausländische landwirtschaftliche Wanderarbeiter, der von dem Fachausschusse für Land- und Forstwirtschaft bei der Reichsanstalt für Arbeitsvermittlung und Arbeitslosenversicherung aufgestellt wird und in seiner gegenwärtigen Fassung der Vereinbarung beiliegt. Die Deutsche Regierung wird dahin wirken, daß die Tschechoslowakische Regierung vor wichtigeren Abänderungen des Arbeitsvertrags zuungunsten der Arbeiter rechtzeitig Gelegenheit zur Stellung erhält. Die Deutsche Regierung ist ferner bereit, etwaige Anregungen der Tschechoslowakischen Regierung für Änderungen des Arbeitsvertrags dem Fachausschusse für Land- und Forstwirtschaft bei der Reichsanstalt für Arbeitsvermittlung und Arbeitslosenversicherung vorzulegen.

Andere Arbeitsverträge mit tschechoslowakischen landwirtschaftlichen Wanderarbeitern sind nach den deutschen gesetzlichen Bestimmungen insoweit unwirksam, als sie von dem im Abs. 1 genannten Arbeitsvertrage zuungunsten der Arbeiter abweichen. An die Stelle unwirksamer Vereinbarungen treten nach den deutschen gesetzlichen Bestimmungen die entsprechenden Bestimmungen des im Abs. 1 genannten Arbeitsvertrags.

Die tschechoslowakischen staatlichen Arbeitsämter werden auf die Arbeiter einwirken, daß sie die Bestimmungen des Arbeitsvertrags einhalten. Arbeiter und Gruppenführer (Arbeiterpartieführer, Gazdas), die vertragsbrüchig geworden sind, sollen nicht mehr zur Arbeit in Deutschland vermittelt werden.

IV.

Die Anwerbung und Verpflichtung von tschechoslowakischen landwirtschaftlichen Wanderarbeitern für die deutsche Landwirtschaft durch die tschechoslowakischen Arbeitsämter erfolgt regelmäßig nur in Gruppen von mindestens 2 Personen. Arbeitergruppen von über 14 Personen werden von einem Vorarbeiter, Arbeitergruppen von über 24 Personen von einem Gruppenführer (Arbeiterpartieführer, Gazda) geführt.

V.

Die Deutsche Arbeiterzentrale sendet die Bedarfsanmeldungen der einzelnen Arbeitgeber an die zuständigen tschechoslowakischen staatlichen Landesarbeitsämter und fügt der Bestellung je 4 Arbeitsverträge in deutscher und in tschechoslowakischer Sprache bei, die von dem Arbeitgeber oder mit seiner Vollmacht von der Deutschen Arbeiterzentrale unterzeichnet sind.

VI.

Die tschechoslowakischen staatlichen Landesarbeitsämter versehen die Verträge mit Amtssiegel und Unterschrift und weisen sie mit größter Beschleunigung den unterstellten Arbeitsämtern zur Durchführung zu.

VII.

Die Arbeitsämter bestimmen die Vorarbeiter und die Gruppenführer (Arbeitspartieführer, Gazdas), machen sie mit dem Inhalt des Arbeitsvertrags und mit ihren sonstigen Obliegenheiten genau bekannt, verpflichten sie zur Erfüllung ihrer Aufgaben und lassen die Verträge von ihnen eigenhändig mit Vor- und Zunamen unterschreiben.

VIII.

Die tschechoslowakischen staatlichen Arbeitsämter wählen im Einvernehmen mit der Deutschen Arbeiterzentrale unter Berücksichtigung des Zeitpunktes des Dienstantritts rechtzeitig und ordnungsgemäß die erforderlichen Arbeiter aus. Vor- und Zuname sowie Heimatort der Arbeiter sind in den Arbeitsvertrag aufzunehmen. Die Arbeiter sind über den Inhalt des Arbeitsvertrags genau aufzuklären und haben den Arbeitsvertrag eigenhändig zu unterschreiben. Der Abschluß des Vertrags wird von der zuständigen tschechoslowakischen Dienststelle durch Unterschrift und Amtssiegel auf den Vertrag bestätigt.

IX.

Von den vollständig ausgefertigten Arbeitsverträgen erhalten je 1 Stück die Deutsche Arbeiterzentrale, das zuständige tschechoslowakische staatliche Arbeitsamt, der Arbeitgeber und der Vorarbeiter bzw. der Gruppenführer (Arbeiterpartieführer,

Gazda) oder eine andere aus der Mitte der Arbeiter vom Arbeitsamte bestimmte Person.

X.

Die tschechoslowakischen staatlichen Arbeitsämter sorgen für die rechtzeitige Abreise der verpflichteten Arbeiter und melden den Zeitpunkt der Abreise der Deutschen Arbeiterzentrale.

Die Deutsche Arbeiterzentrale übernimmt die Arbeiter grundsätzlich in Oderberg, ausnahmsweise in Tetschen-Bodenbach.

XI.

Sämtliche Arbeiter werden nach den jeweils geltenden deutschen Vorschriften auf Kosten des Arbeitgebers beim Grenzübertritt ärztlich untersucht und geimpft. Kranke oder arbeitsunfähige Arbeiter werden in ihre Heimat zurückgeleitet.

XII.

Umverpflichtungen sollen nur in Ausnahmefällen erfolgen; dabei soll jedoch in den Arbeits- und Lohnbedingungen keine Verschlechterung eintreten. Die Deutsche Arbeiterzentrale wird die Gründe der Umverpflichtung dem zuständigen tschechoslowakischen staatlichen Arbeitsamte mitteilen.

XIII.

Die Deutsche Arbeiterzentrale entrichtet als Vermittlungsgebühr für jeden von ihr angenommenen Arbeiter 5 kč. an das zuständige tschechoslowakische staatliche Landesarbeitsamt.

Die Verrechnung zwischen der Deutschen Arbeiterzentrale und den tschechoslowakischen staatlichen Landesarbeitsämtern über die Vermittlungsgebühren und etwaige Auslagen erfolgt halbjährlich.

XIV.

Die nach Maßgabe dieser Vereinbarung ausgefertigten Arbeitsverträge (Sammellisten) gelten für die darin aufgeführten Arbeiter bei gemeinschaftlichem Grenzübertritt und während des gemeinschaftlichen Aufenthalts in Deutschland als Paßersatz. Ein deutscher Sichtvermerk ist nicht erforderlich.

Für einen Arbeiter, der während seines Aufenthalts in Deutschland aus der durch einen Arbeitsvertrag zusammengefaßten Gruppe ausscheidet, wird das tschechoslowakische Konsulat in Berlin einen Paß zur Rückkehr nach der Tschechoslowakischen Republik ausstellen, wenn die Deutsche Arbeiterzentrale unter Beifügung der erforderlichen Unterlagen und eines Lichtbildes des Arbeiters es beantragt. Die Geltungsdauer des Passes soll der Lage des Falles angepaßt, jedoch nicht über den 31. Dezember des jeweils laufenden Jahres hinaus festgesetzt werden. Der Paß wird gebührenfrei ausgestellt werden, wenn der Arbeiter offensichtlich ohne eigenes Verschulden aus seiner Gruppe ausgeschieden ist.

XV.

Die tschechoslowakischen landwirtschaftlichen Wanderarbeiter genießen im Deutschen Reiche hinsichtlich des Arbeitsschutzes der gewerkschaftlichen Betätigung, der öffentlichen Fürsorge und der Regelung der Arbeitsbedingungen einschließlich des Schlichtungswesens und der Arbeitsgerichtsbarkeit den gleichen Schutz wie die deutschen Arbeiter, soweit nicht die deutsche Gesetzgebung allgemein etwas anderes für ausländische Staatsangehörige bestimmt.

XVI.

Die Deutsche Regierung wird ihren Einfluß dahin geltend machen, daß die Wohnungen der tschechoslowakischen landwirtschaftlichen Wanderarbeiter in sittlicher und gesundheitlicher Beziehung einwandfrei sind.

XVII.

Die tschechoslowakischen landwirtschaftlichen Wanderarbeiter sind nach Maßgabe der jeweils geltenden deutsch-tschechoslowakischen Verträge zur Vermeidung der Doppelbesteuerung von der Lohnsteuerpflicht befreit, wenn sie nachweisen, daß sie ihren Wohnsitz in der Tschechoslowakischen Republik haben.

Der Wohnsitz in der Tschechoslowakischen Republik wird durch eine Bescheinigung der Heimatbehörde oder der zuständigen tschechoslowakischen Vertretung in Deutschland in tschechoslowakischer und deutscher Sprache nachgewiesen. Diese Bescheinigung muß mit Unterschrift und Amtssiegel versehen sein; sie kann auch auf den Arbeitsvertrag gesetzt werden.

XVIII.

Diese Vereinbarung gilt bis zum 31. Dezember 1928 und verlängert sich stillschweigend jeweils um 1 Jahr, wenn sie nicht spätestens am 1. Oktober für den Schluß des Kalenderjahrs gekündigt wird.

11. Vertrag zwischen dem Deutschen Reich und der Tschechoslowakischen Republik über die Grenzoder

vom 22. März 1928*

Das Deutsche Reich
einerseits
und
die Tschechoslowakische Republik
andererseits

haben in der Absicht, die Verhältnisse an der Grenzoder zu regeln, beschlossen, ein dahingehendes Abkommen zu treffen.

Demzufolge haben zu ihren Bevollmächtigten ernannt:

Der Deutsche Reichspräsident:
den Gesandten Dr. *Paul Eckardt,*

der Präsident der Tschechoslowakischen Republik:
den Kommissar für Grenzangelegenheiten
Ing. *Václav Roubik.*

Die Bevollmächtigten sind nach Mitteilung ihrer in guter und gehöriger Form befundenen Vollmachten über folgende Bestimmungen übereingekommen:

Artikel 1

Die Grenzoder im Sinne dieses Vertrages ist die Strecke der Oder von Stromkilometer 19,93 oberhalb der Eisenbahnbrücke

* Abdruck nach Reichsgesetzblatt 1929 II, S. 8 ff. Der Vertrag und das Schlußprotokoll sind am 17. Juli 1929 in Kraft getreten (Reichsgesetzblatt 1929 II, S. 440).

bei Annaberg bis Stromkilometer 27,47 unterhalb der Olsamündung, der die deutsch-tschechoslowakische Staatsgrenze zum Teil folgt und die sie an verschiedenen Stellen durchschneidet.

Artikel 2

Die Grenzoder soll nach einheitlichen, von den zuständigen Behörden beider Staaten im gegenseitigen Einvernehmen aufzustellenden Grundsätzen unterhalten werden.

Artikel 3

1. Die Wasserpolizei auf der Grenzoder übt jeder Staat innerhalb seines Gebietes aus.

2. Verleihungen und wasserpolizeiliche Genehmigungen im Sinne der Wassergesetze beider Staaten werden an der Grenzoder durch die Behörden des zuständigen Staates im Einverständnis mit den Behörden des anderen Staates erteilt. Zuständig ist der Staat, in dessen Gebiete die für die Verleihung oder Genehmigung in Betracht kommenden Anlagen geschaffen werden sollen. Die beiderseitigen Behörden haben sich dabei die gestellten Anträge und förmlichen Einsprüche mitzuteilen.

3. Die Bestimmungen des Absatz 2 gelten entsprechend auch für die Freihaltung des vom Hochwasser durchflossenen Gebiets.

Artikel 4

Genehmigungen zur Entnahme von Sand und Kies aus dem Flußbett der Grenzoder werden im Einvernehmen der zuständigen Behörden beider Staaten erteilt.

Artikel 5

Auf Verlangen eines der beiden Staaten wird ein allgemeiner Entwurf für den Ausbau der Grenzoder im Einvernehmen der zuständigen Behörden beider Staaten aufgestellt werden; dieser bedarf der Genehmigung beider Staaten. Die Kosten, mit Ausnahme der Bezüge der beteiligten Beamten, werden von jedem der beiden Staaten zur Hälfte getragen.

Artikel 6

Arbeiten, die im Rahmen des nach Artikel 5 aufgestellten allgemeinen Entwurfs auszuführen sind, werden auf Grund von

Sonderentwürfen ausgeführt, die gleichfalls im beiderseitigen Einvernehmen aufzustellen sind. Über die Ausführung dieser Arbeiten, Erhaltung des dadurch geschaffenen Zustandes und die Kostenverteilung, mit Einschluß der Kosten für die Aufstellung der Sonderentwürfe, sowie über eine etwaige technische und finanzielle Kontrolle der Bauarbeiten werden die beiden Staaten von Fall zu Fall Vereinbarungen treffen.

Artikel 7

Zahlungen, die einer der beiden Staaten gemäß der Artikel 5 und 6 an den anderen Staat auf Grund der beiderseits anerkannten Abrechnungen zu leisten hat, sind innerhalb zweier Monate nach Anerkennung dieser Abrechnungen in der Währung des anderen Staates auszuführen.

Artikel 8

1. Zur Feststellung des Zustandes der Grenzoder werden mindestens einmal in jedem Jahre im Einvernehmen der zuständigen Behörden der beiden Staaten durch die Beauftragten dieser Behörden gemeinsame Besichtigungen stattfinden. Solche Besichtigungen sind auch in Fällen außergewöhnlicher Ereignisse auf Verlangen eines der beiden Staaten auszuführen. Je nach dem Ergebnis der Besichtigungen sind Vorschläge über etwa auszuführende Unterhaltungsarbeiten und über sonstige Arbeiten (Artikel 6) zu machen.

2. Über die Besichtigungen sind Niederschriften in den Sprachen beider Staaten aufzunehmen.

3. Die durch die Besichtigungen entstehenden Kosten trägt jeder Staat für die von ihm zugezogenen Personen.

Artikel 9

Bei Ausführung von Vermessungsarbeiten dürfen die auf fremdem Staatsgebiet an der Grenzoder vorhandenen Höhen- und Polygonpunkte der Flußbauverwaltung für Anschlußzwecke mitbenutzt werden.

Artikel 10

Die zuständigen Behörden der beiden Staaten werden sich gegen Erstattung der Kosten für Draht- oder Fernsprechnachrichten diejenigen Angaben über Wasserstände und Eisverhältnisse sowie über Niederschlagshöhen und Abflußmengen machen, die für die Abwendung von Hochwasser- und Eisgefahren, für die Vorbereitung von Ausbauplänen und für die Durchführung von Arbeiten zur Unterhaltung der Grenzoder von Wert sind. Auch werden sie einander die für die gleichen Zwecke wertvollen Ergebnisse von erd- und wassertechnischen Vermessungen sowie Veränderungen der Höhen- und Polygonpunkte mitteilen, gegebenenfalls gegen Erstattung der Kosten, die durch die Überlassung des Materials entstehen.

Artikel 11

Von jeder Arbeit, die auf Grund dieses Vertrages vorgenommen werden soll, haben die zuständigen Wasserbaubehörden beider Staaten einander und die zuständige Zollstelle des anderen Staates, und zwar möglichst sechs Tage vorher, zu benachrichtigen.

Artikel 12

1. Auf Beamte, die in Ausführung der Bestimmungen dieses Vertrages an der Grenzoder die Staatsgrenze zu überschreiten haben, finden die Bestimmungen des Artikel 32 Absatz 1 des am 3. Februar 1927 in Berlin unterzeichneten Vertrages zwischen dem Deutschen Reich und der Tschechoslowakischen Republik zur Regelung der Grenzverhältnisse an der im Artikel 83 des Vertrags von Versailles vom 28. Juni 1919 beschriebenen Staatsgrenze entsprechende Anwendung. Das gleiche gilt für das diese Beamte begleitende Hilfspersonal mit Einschluß von Arbeitern, jedoch mit der Maßgabe, daß diese Personen sich auf Verlangen der Paß- oder Zollorgane durch ein Ausweispapier (Paß, Grenzausweis usw.) über ihre Person auszuweisen haben.

2. Privatpersonen, die mit Vermessungen, mit der Ausführung oder mit der Unterhaltung von Wasserbauten an der Grenzoder beauftragt sind, sowie den bei solchen Arbeiten beschäftigten Arbeitern werden nach näherer Verständigung der zuständigen Behörden der beiden Staaten beim Überschreiten der Grenze zwecks Durchführung ihrer Arbeiten alle zulässigen Erleichterungen gewährt werden.

Artikel 13

1. Die beiden Staaten sichern sich Zoll- und Abgabenfreiheit für Baumaterialien zu, die von dem einen Staate in das Gebiet des anderen Staates für Arbeiten einzuführen sind, die dort im Rahmen dieses Vertrages notwendig sind, mögen die Arbeiten auf gemeinsame oder auf Kosten des einführenden Staates ausgeführt werden. Das gleiche gilt für die zur Vornahme der Arbeiten erforderlichen Werkzeuge und Geräte unter der Bedingung der Rückbringung nach gemachtem Gebrauch. Die Einfuhr der erwähnten Gegenstände muß über den Grenzabschnitt der Grenzoder erfolgen. Die Abgabenfreiheit erstreckt sich nicht auf die statistischen Gebühren.

2. Bei der Einbringung der Baumaterialien, Werkzeuge und Geräte und ebenso bei einer etwaigen Lagerung der Baumaterialien vor ihrer Verwendung werden sich die beiden Staaten vorbehaltlich der erforderlichen Kontrollmaßnahmen alle zulässigen Erleichterungen gewähren.

3. Über die näheren Bedingungen der zoll- und abgabefreien Einfuhr der im Absatz 1 genannten Gegenstände sowie über die Erleichterungen gemäß Absatz 2 werden sich die zuständigen Behörden der Zollverwaltungen beider Staaten verständigen.

4. Vorschriften zur Beschränkung der Ein- und Ausfuhr finden auf die im Absatz 1 genannten Gegenstände keine Anwendung.

Artikel 14

1. Die beiden Staaten werden sich gegenseitig die für die Durchführung des Vertrages zuständigen Behörden mitteilen.

2. In den Angelegenheiten, die mit der Ausführung dieses Vertrages im Zusammenhang stehen, können die beiderseitigen zuständigen Behörden unmittelbar miteinander verkehren.

Artikel 15

Dieser Vertrag soll mit dem Schlußprotokoll ratifiziert werden. Der Austausch der Ratifikationsurkunden soll in Berlin stattfinden. Der Vertrag soll am dreißigsten Tage nach dem Austausch der Ratifikationsurkunden in Kraft treten. Er kann von jedem der beiden Staaten vor Ablauf eines Kalenderjahrs für das Ende des nachfolgenden Jahres gekündigt werden.

Dieser Vertrag ist in zwei übereinstimmenden Urschriften in deutscher und tschechoslowakischer Sprache ausgefertigt worden; beide Wortlaute haben gleiche Geltung.

Zu Urkund dessen haben die Bevollmächtigten diesen Vertrag unterzeichnet und mit ihren Siegeln versehen.

Geschehen in Prag, am 22. März 1928.

Paul Eckardt
Ing. *V. Roubik*

Schlußprotokoll
zu dem deutsch-tschechoslowakischen Vertrag
über die Grenzoder

Bei Unterzeichnung des deutsch-tschechoslowakischen Vertrages über die Grenzoder haben die Bevollmächtigten ihr Einverständnis darüber erklärt, daß

I. die Bestimmungen des Vertrags einer etwaigen späteren Regelung durch anderweitige zwischenstaatliche Vereinbarungen nicht im Wege stehen sollen und

II. daß die Zollvorschriften beider Staaten, abgesehen von dem Artikel 13 des Vertrags, unberührt bleiben.

Prag, am 22. März 1928.

Paul Eckardt
Ing *V. Roubik*

12. Übereinkommen zwischen dem Deutschen Reich und der Tschechoslowakischen Republik

über die Nacheile und die gegenseitige Hilfeleistung der Sicherheitsorgane

vom 5. Juni 1928*

Das Deutsche Reich und die Tschechoslowakische Republik sind übereingekommen, die Verfolgung flüchtiger Verbrecher

* Abdruck nach Reichsgesetzblatt 1931 II, S. 87 ff.

und anderer der öffentlichen Sicherheit gefährlicher Personen über die Staatsgrenze hinaus sowie die gegenseitige Hilfeleistung der Sicherheitsorgane des einen Staates auf dem Gebiete des anderen bei Naturereignissen und ein gemeinschaftliches Zusammenwirken dieser Sicherheitsorgane durch ein Übereinkommen zu regeln.

Zu diesem Zwecke haben zu Bevollmächtigten ernannt:

der Deutsche Reichspräsident:

Herrn Dr. *Walter Koch*,

außerordentlichen Gesandten und bevollmächtigten Minister,

der Präsident der Tschechoslowakischen Republik:

Herrn Dr. *Kamil Krofta*,

außerordentlichen Gesandten und bevollmächtigten Minister.

Die Bevollmächtigten haben sich, nachdem sie ihre Vollmachten einander mitgeteilt und in guter und gehöriger Form befunden haben, über folgende Bestimmungen geeinigt:

Artikel 1

Die Beamten des Polizei- und Sicherheitsdienstes und die Gendarmen (Sicherheitsorgane) sind ermächtigt, bei Gefahr im Verzuge flüchtige Verbrecher oder andere für die öffentliche Sicherheit gefährliche Personen in das Grenzgebiet des anderen Teiles hinein zu verfolgen und darin festzunehmen. Die Sicherheitsorgane haben die nächste auf dem Wege der Verfolgung gelegene Sicherheitsbehörde des anderen Teiles zu verständigen und zur weiteren Verfolgung aufzufordern, soweit hierdurch nicht die Festnahme in Frage gestellt wird.

Die Festgenommenen sind unverzüglich der nächsten Sicherheits- oder Gerichtsbehörde des Landes, in dessen Gebiete die Festnahme erfolgt ist, zu übergeben.

Artikel 2

Die Sicherheitsorgane sind ermächtigt, bei Gefahr im Verzuge in dem Grenzgebiet des anderen Teiles Ermittelungen nach flüchtigen Verbrechern oder anderen für die öffentliche Sicherheit gefährlichen Personen vorzunehmen und ihre Spuren zu verfolgen.

Die örtlich zuständige Sicherheitsbehörde ist unverzüglich zu verständigen und zur Hilfeleistung und eigenem Einschreiten aufzufordern.

Artikel 3

Die Sicherheitsorgane müssen beim Betreten des Grenzgebiets des anderen Teiles mit einem schriftlichen Ausweis über ihre Amtseigenschaft versehen sein.

Sie sind nicht berechtigt, selbständig Wohnungen zu betreten oder Haussuchungen vorzunehmen.

Eine Begleitung der Sicherheitsorgane des anderen Teiles ist unter Ausschluß jeder eigenen Amtshandlung zulässig, wenn es von jenen verlangt wird und zur weiteren Ermittelung der Verfolgten oder der Spur notwendig erscheint.

Artikel 4

Die beiderseitigen mit ihrem Amtsbezirk an der Grenze liegenden Verwaltungsbehörden erster Instanz (auf deutscher Seite: die Landräte, Bezirksämter, Amtshauptmannschaften, auf tschechoslowakischer Seite: die politischen Bezirksverwaltungen und die staatlichen Polizeibehörden) sind befugt, im gegenseitigen Einverständnis Zusammenkünfte der von ihnen bezeichneten Sicherheitsorgane zu veranstalten. Es bleibt näherer Vereinbarung zwischen den beiderseitigen Regierungen vorbehalten, Einrichtungen zu treffen, durch welche die an der Grenze tätigen Sicherheitsorgane von den im Grenzgebiet des anderen Teiles erlassenen öffentlichen Bekanntmachungen der Grenzpolizeibehörden Kenntnis erhalten.

Den Einladungen der Grenzpolizeibehörden des einen Teiles zur Vornahme gemeinschaftlicher Sicherheitspatrouillen im Grenzgebiet ist von den Sicherheitsorganen des anderen Teiles, soweit es deren sonstiger Dienst zuläßt, bereitwillig zu entsprechen. Dabei ist der Übertritt über die Landesgrenze gestattet.

Artikel 5

Werden bei einer Feuer- oder Wassergefahr oder bei einem sonstigen jenseits der Landesgrenze eintretenden Naturereignis die nachbarlichen Rettungseinrichtungen in Anspruch genommen, so sind die Sicherheitsorgane auch ohne vorheriges Ersuchen der Behörden des anderen Teiles ermächtigt, die Grenze zu überschreiten und sich in voller Dienstausrüstung an den Ort der Gefahr zu begeben, um nach den Anordnungen der zuständigen Ortsbehörde beim Schutze der öffentlichen Sicherheit mitzuwirken.

Artikel 6

Die Sicherheitsorgane können beim Betreten des Grenzgebietes des anderen Teiles die Befreiung von der Zollrevision nicht beanspruchen. Doch werden beide Teile Anweisung geben, daß die zollamtliche Abfertigung ohne Beeinträchtigung des von den Sicherheitsorganen zu leistenden Sicherheitsdienstes erfolgt. Die vorgeschriebene Dienstausrüstung darf in jedem Falle mitgeführt werden.

Artikel 7

Über ihre Amtstätigkeit im Grenzgebiet des anderen Teiles ist den Sicherheitsorganen von den zuständigen Behörden des anderen Teiles auf Verlangen eine Bescheinigung in ihren Dienstbüchern oder eine sonstige Bestätigung zu erteilen.

Ein Sicherheitsorgan des einen Staates, das sich auf Grund der Bestimmungen dieses Abkommens auf das Gebiet des anderen Staates begeben hat, muß unverzüglich auf das Gebiet seines Staates zurückkehren, wenn der Zweck seines Aufenthalts erreicht ist, insbesondere wenn es die zuständige Sicherheitsbehörde des anderen Vertragsstaates verständigt hat und diese seine weitere Anwesenheit nicht fordert, sowie überhaupt, wenn die zuständige Behörde es verlangt.

Als Sicherheitsbehörden im Sinne der Artikel 1, 2 und 7 gelten auch die Gendarmeriestationen.

Artikel 8

Die Bewohner der Grenzgebiete sind durch die zuständigen Behörden darauf hinzuweisen, daß es in ihrem eigenen Interesse liegt, die Sicherheitsorgane des anderen Teiles, die in der Verfolgung flüchtiger Verbrecher oder anderer für die öffentliche Sicherheit gefährlicher Personen begriffen sind, möglichst zu unterstützen.

Die Behörden und Sicherheitsorgane sind ausdrücklich zur Unterstützung zu verpflichten.

Artikel 9

Dieses Übereinkommen, das in deutscher und tschechoslowakischer Sprache geschlossen ist, soll ratifiziert werden. Die Ratifikationsurkunden sollen sobald wie möglich in Berlin ausgetauscht werden.

Das Übereinkommen tritt 14 Tage nach dem Tage des Austausches der Ratifikationsurkunden in Kraft.

Das Übereinkommen kann jederzeit mit einer Frist von einem Monate gekündigt werden.

Zu Urkund dessen haben die Bevollmächtigten dieses Übereinkommen unterzeichnet.

Geschehen in Prag in doppelter Urschrift am fünften Juni eintausendneunhundertachtundzwanzig.

Dr. *Walter Koch*
Dr. *K. Krofta*

Zusatzprotokoll
zu dem Übereinkommen über die Nacheile
und die gegenseitige Hilfeleistung der Sicherheitsorgane

Die unterzeichneten Bevollmächtigten des Deutschen Reichs, und der Tschechoslowakischen Republik stellen, im Begriff, zur Unterzeichnung des Übereinkommens über die Nacheile und die gegenseitige Hilfeleistung der Sicherheitsorgane zu schreiten, das Einverständnis über folgende Punkte fest:

1. Zu Artikel 1, 2, 3, 4, 6, 7, 8.

Unter Grenzgebiet ist zu verstehen:

a) auf deutscher Seite das Gebiet von der gemeinsamen Grenze bis zum Sitz der nächsten Ortspolizeibehörde (in Preußen: Städte und Amtsvorsteher, in Bayern: Bezirksämter, in Sachsen: Amtshauptmannschaften), Gendarmeriestation oder Dienststelle der Landesgrenzpolizei;

b) auf tschechoslowakischer Seite das Gebiet von der gemeinsamen Grenze bis zum Sitz der nächsten politischen Bezirksbehörde, Gendarmeriestation oder des nächsten Polizeigrenzamts.

2. Zu Artikel 1.

Zur Nacheile sind berechtigt:

a) deutscherseits die Gendarmeriebeamten, die Beamten der staatlichen und kommunalen Polizei einschließlich der Kriminalpolizeibeamten sowie die Beamten der preußischen Grenzkommissariate;

b) tschechoslowakischerseits die Organe der Gendarmerie und der staatlichen Polizeibehörden.

3. Zu Artikel 1, 2.

Gefahr im Verzuge liegt stets dann vor, wenn zu besorgen steht, daß der mit dem Eingreifen der Sicherheitsorgane des anderen Landes verbundene Zeitverlust die Festnahme oder Ermittlung des Flüchtigen vereiteln werde. Die Entscheidung über das Vorliegen einer Gefahr im Verzuge steht lediglich den mit den Ermittlungen befaßten Sicherheitsorganen zu.

4. Zu Artikel 1, 2.

Die Frage, ob eine Person als gefährlich anzusehen ist, ist von den nacheilenden Sicherheitsorganen nach den Gesetzen ihres Landes zu beurteilen.

5. Zu Artikel 1, 2, 5.

Die Zahl der zur Nacheile berechtigten Sicherheitsorgane ist auf zwei zu beschränken.

6. Zu Artikel 3.

Als amtlicher Ausweis dient eine mit dem Lichtbild des Inhabers versehene Bescheinigung der vorgesetzten Dienstbehörde der zur Nacheile befugten Person. Der Ausweis kann durch das Dienstbuch des Gendarmerieorgans ersetzt werden, sofern es dem erwähnten Erfordernis entspricht.

Während einer Übergangszeit von einem Jahre sollen die bei der tschechoslowakischen Gendarmerie gebräuchlichen Ausweiskarten ohne Lichtbild und Dienstbücher als ausreichende Ausweise angesehen werden.

7. Zu Artikel 5, 6.

Als Dienstausrüstung kommen in Betracht für Gendarmerieorgane Gewehre oder Karabiner, Pistolen oder Revolver, Seitengewehre und Gummiknüppel, für die übrigen zur Nacheile berechtigten Sicherheitsorgane Seitengewehre, Pistolen und Gummiknüppel. Hierzu tritt gegebenenfalls das Dienstfahrrad (auch Motor- zwei- und Dreirad), Schneeschuhe (Ski) und bei Berittenen das Dienstpferd.

8. Zu Artikel 7.

Als zuständige Behörden kommen deutscherseits in Frage die Ortspolizeibehörden (in Preußen: Städte und Amtsvorsteher, in Bayern: Bezirksämter, in Sachsen: Amtshauptmannschaften), die Dienststellen der Landesgrenzpolizei und für die Ausstellung der Bescheinigung nach Artikel 7 Abs. 1 auch die Gendarmeriestationen, tschechoslowakischerseits die politische Bezirksbehörde, die Gendarmeriestation und das Polizeigrenzamt.

9. Waffengebrauch ist nur zulässig im Falle eines Widerstandes, der nur mit Waffengewalt überwunden werden kann, und in Ausübung von Notwehr. Von der Schußwaffe ist nur Gebrauch zu machen, wenn dies zur Abwendung einer unmittelbaren Gefahr für Leib und Leben des Sicherheitsorgans erforderlich ist.

10. Durch das neue Abkommen werden im Verhältnis zur Tschechoslowakischen Republik aufgehoben die den gleichen Gegenstand regelnden Übereinkommen zwischen der ehemaligen Kaiserlichen Österreichischen Regierung und

a) der Preußischen Regierung vom 27. Februar 1864,

b) der Bayerischen Regierung vom $\frac{\text{21. August 1852}}{\text{29. September 1852}}$

und vom $\frac{\text{6. September 1855}}{\text{3. Oktober 1855}}$,

c) der Sächsischen Regierung vom $\frac{\text{30. Juli 1852}}{\text{30. Oktober 1852}}$

und vom 15. Oktober 1856.

Zu Urkund dessen haben die Bevollmächtigten dieses Zusatzprotokoll, das die gleiche Gültigkeit haben soll wie das Übereinkommen selbst, unterzeichnet.

Ausgefertigt in doppelter Urschrift in Prag, am fünften Juni eintausendneunhundertachtundzwanzig.

Dr. *Walter Koch*
Dr. *K. Krofta*

13. Vertrag zwischen dem Deutschen Reich und der Tschechoslowakischen Republik über Grenzwasserläufe und Gebietsaustausch an der preußischen Strecke der deutsch-tschechoslowakischen Grenze

vom 31. Januar 1930*

Der Deutsche Reichspräsident und der Präsident der Tschechoslowakischen Republik sind übereingekommen, über Lage und Beweglichkeit der deutsch-tschechoslowakischen Grenze in Wasserläufen auf der preußischen Strecke Bestimmungen zu treffen und im Zusammenhang damit einen Gebietsaustausch vorzunehmen.

Zu diesem Zwecke haben zu Bevollmächtigten ernannt:

der deutsche Reichspräsident

den Gesandten und Bevollmächtigten Minister
Herrn Dr. *Paul Eckardt*

und

der Präsident der Tschechoslowakischen Republik

den tschechoslowakischen Kommissar für Grenzangelegenheiten, Herrn Ing. *Václav Roubík*.

Die Bevollmächtigten haben, nachdem sie ihre Vollmachten einander mitgeteilt und in guter und gehöriger Form befunden haben, Nachstehendes vereinbart:

* Abdruck nach Reichsgesetzblatt 1934 II, S. 5 ff. Der Vertrag ist am 11. Februar 1934 in Kraft getreten (Reichsgesetzblatt 1934 II, S. 5).

A. Bestimmungen über Lage und Beweglichkeit der deutsch-tschechoslowakischen Grenze in Wasserläufen auf der preußischen Strecke

Artikel 1

(1) Soweit die deutsch-tschechoslowakische Grenze auf der preußischen Strecke in einem Wasserlaufe (Grenzwasserlauf) verläuft, wird sie durch die Mittellinie des Wasserlaufs, gegebenenfalls seines Hauptarmes, gebildet. Bei der Feststellung dieser Mittellinie ist davon auszugehen, daß den Anliegern der Zutritt zum Wasser bei jedem Wasserstand über eigenes Staatsgebiet gewahrt wird. Unter der Mittellinie ist eine ausgeglichene, fortlaufende Linie zu verstehen, die von den beiden Uferrändern des Wasserlaufs (Hauptarmes) gleich weit entfernt ist. Lassen sich die Uferränder nicht mit Sicherheit bestimmen, so gilt als Uferrand im Sinne der vorstehenden Bestimmung die Linie, die längs des Wasserlaufs durch ständigen Graswuchs oder sonstige Merkmale gebildet wird. Reichen die vorhandenen Merkmale nicht aus, um eine solche Linie mit Sicherheit festzustellen, so wird die Staatsgrenze durch die Mittellinie des Wasserspiegels eines niederen Wasserstandes gebildet, wie er gerade bei der Ermittlung im Wasserlaufe oder gegebenenfalls in seinem Hauptarme vorhanden ist. Als Hauptarm gilt der Arm, in dem die größte Wassermenge ($m^3/sc.$) bei einem Niederwasserstande, wie er gerade bei der Ermittlung vorhanden ist, durchfließt.

(2) Die Bestimmungen des Absatz 1 finden auf die Staatsgrenze in der Oder keine Anwendung. Die Lage der Odergrenze wird durch eine Linie bestimmt, die in den Karten des im Jahre 1927 begonnenen Grenzurkundenwerkes dargestellt ist.

Artikel 2

(1) Die nach Absatz 1 des Artikel 1 bestimmte Staatsgrenze, die aus den Karten des im Jahre 1927 begonnenen Grenzurkundenwerkes hervorgeht, folgt den allmählichen natürlichen Veränderungen des Wasserlaufs (Hauptarmes) — bewegliche Grenze —. Bei plötzlichen erheblichen Veränderungen des Wasserlaufs sowie bei Veränderungen, die durch Regulierung des

Wasserlaufs oder durch eigenmächtige Vorkehrungen entstanden sind, bildet bis zum Abschluß eines Übereinkommens zwischen den beiden Staaten die vor der Veränderung maßgebend gewesene Mittellinie des Wasserlaufs (Hauptarmes) auch weiterhin die Staatsgrenze.

(2) Die Staatsgrenze in der Oder ist durch die im Artikel 1, Absatz 2, Satz 2 angeführte Linie dauernd bestimmt, dergestalt, daß sie durch Veränderungen des Flußlaufs nicht betroffen wird — unbewegliche Grenze —.

Artikel 3

Entstehen in Zukunft Änderungen der Lage der beweglichen Grenze an Stellen des Übergangs in die trockene Grenze, so wird der Übergang von Fall zu Fall im Einvernehmen der beiderseits zu bezeichnenden zuständigen Behörden festgesetzt. Hierbei ist auf die Übereinstimmung der Staatsgrenze mit den Eigentumsgrenzen, Vermeidung erheblicher Gebietsveränderungen und Wahrung der bestehenden wasserwirtschaftlichen Belange Bedacht zu nehmen.

B. Gebietsaustausch

Artikel 4

Zwischen den vertragschließenden Staaten wird mit Rücksicht auf die Beweglichkeit der Staatsgrenze in den Wasserläufen und weiter zur Erlangung einer zweckmäßigeren Grenzführung an der preußischen Strecke der Staatsgrenze der nachstehende Gebietsaustausch vereinbart:

. . .

(Hinweis: Es folgt eine Aufzählung und Beschreibung von 31 Gebietsflächen).

Artikel 5

Durch den im Artikel 4 vorgesehenen Gebietsaustausch wird die Staatsangehörigkeit derjenigen Personen, die auf den Austauschflächen ihren Wohnsitz haben, nicht berührt.

Artikel 6

(1) Die auf die Austauschflächen (Artikel 4) bezüglichen Grundbücher und Kataster nebst den dazu gehörenden Unter-

lagen (Urkunden, Schriften und Karten) sind von den Gerichten und Behörden, die das Grundbuch oder das Kataster bisher geführt haben, in Urschrift, oder soweit dies nicht tunlich ist, in beglaubigter Abschrift an die Gerichte oder Katasterbehörden des anderen Staates zu übergeben. Die Übergabe erfolgt im unmittelbaren Geschäftsverkehr der beteiligten Gerichte und Katasterbehörden. Schwierigkeiten, die sich bei der Übergabe oder dem Geschäftsverkehr ergeben sollten, werden im unmittelbaren Benehmen der beteiligten Zentralbehörden geregelt.

(2) Die grundbuchliche und katastermäßige Durchführung des Gebietsaustauschs geschieht von Amts wegen kosten-, Stempel- und gebührenfrei.

Artikel 7

(1) Rechte und Lasten, die in das Grundbuch des übernehmenden Staates nach dessen gesetzlichen Bestimmungen eingetragen werden können, werden in dieses Grundbuch in dem Umfang und mit dem Inhalt eingetragen, der sich aus den zur Zeit des Inkrafttretens dieses Vertrags bestehenden Eintragungen ergibt.

(2) Andere Rechte und Lasten werden in das Grundbuch des übernehmenden Staates nicht eingetragen; die Ansprüche und Verbindlichkeiten aus diesen Rechten und Lasten werden dadurch nicht berührt.

(3) Rechte, die dem einen Staat an einem Grundstück zustehen, das durch den Austausch in das Gebiet des anderen Staates fällt, erlöschen an diesem Grundstück, soweit sie nicht auf eine Geldforderung gerichtet sind oder nicht auf einem privatrechtlichen Titel beruhen.

Artikel 8

Die vertragschließenden Staaten werden darauf Bedacht nehmen, daß Trennstücke eines Grundstücks tunlichst lastenfrei übergehen und daß Gesamtbelastungen tunlichst verteilt werden.

Artikel 9

Für Rechtsstreitigkeiten, in denen Rechte an einem Austauschgrundstück geltend gemacht werden und die zur Zeit des Inkrafttretens dieses Vertrages anhängig sind, bleiben die Gerichte des übergebenden Staates zuständig. Bezüglich der Anerkennung und Vollstreckbarkeit der Entscheidungen gelten die zwischen den vertragschließenden Staaten bestehenden allgemeinen Abreden.

C. *Schlußbestimmungen*

Artikel 10

Dieser Vertrag ist in doppelter Urschrift in deutscher und in tschechoslowakischer Sprache ausgefertigt. Die beiden Wortlaute haben gleiche Geltung.

Artikel 11

Der Vertrag soll sobald als möglich ratifiziert werden. Die Ratifikationsurkunden sollen in Prag ausgetauscht werden. Der Vertrag tritt vier Monate nach Austausch der Ratifikationsurkunden in Kraft.

Zu Urkund dessen haben die beiderseitigen Bevollmächtigten diesen Vertrag unterzeichnet und mit ihren Siegeln versehen.

Geschehen in Berlin, am 31. Januar 1930.

Dr. *P. Eckardt*
Ing *V. Roubik*

14. Vertrag zwischen dem Deutschen Reich und der Tschechoslowakischen Republik über Sozialversicherung

vom 21. März 1931*

Der Deutsche Reichspräsident und der Präsident der Tschechoslowakischen Republik sind übereingekommen, die wechselseitigen Beziehungen auf dem Gebiete der Sozialversicherung vertraglich zu regeln. Zu diesem Zwecke haben zu ihren Bevollmächtigten ernannt:

* Abdruck nach Reichsgesetzblatt 1933 II, S. 1017 ff. Der Vertrag ist am 1. Dezember 1933 in Kraft getreten (Reichsgesetzblatt 1933 II, S. 1016).

der deutsche Reichspräsident
den Ministerialdirektor im Reichsarbeitsministerium
Herrn Dr. *Andreas Grieser*
und
den Vortragenden Legationsrat im Auswärtigen Amt
Herrn Dr. *Adolf Siedler*,
der Präsident der Tschechoslowakischen Republik
den Sektionschef im Ministerium für soziale Fürsorge
Herrn Dr. *Jan Brablec*
und
den Ministerialrat im Ministerium des Äußeren
Herrn Dr. *Květoslav Gregor*.

Die Bevollmächtigten haben nach Mitteilung ihrer in guter und gehöriger Form befundenen Vollmachten Nachstehendes vereinbart:

A. Allgemeine Bestimmungen

Artikel 1

(1) Dieser Vertrag bezieht sich auf folgende Zweige der Sozialversicherung:

1. die Krankenversicherung der Arbeiter und Angestellten,
2. die Unfallversicherung der Arbeiter und Angestellten,
3. die Invalidenversicherung (Invaliditäts- und Altersversicherung),
4. die Angestelltenversicherung und die knappschaftliche Pensionsversicherung der Angestellten (Pensionsversicherung der Privatangestellten in höheren Diensten),
5. die knappschaftliche Pensionsversicherung der Arbeiter (Bruderladenprovisionsversicherung).

(2) Der Vertrag bezieht sich — unbeschadet der Vergünstigungen, die sich aus den Artikeln 3, 4, 13 und 14 für die Berechtigten ergeben —, nicht auf die Versicherung der Bemannung der die Donau befahrenden Schiffe (Schleppe usw.) und der sonstigen auf diesen Schiffen ständig beschäftigten Personen sowie der Bemannung der Luftfahrzeuge.

Artikel 2

(1) Bei der Durchführung der in Artikel 1 bezeichneten Zweige der Sozialversicherung finden grundsätzlich die Rechtsvorschriften des Staates Anwendung, in dessen Gebiet die für die Versicherung maßgebende Beschäftigung ausgeübt wird. Von dieser Regel gelten folgende Ausnahmen:

a) Werden Arbeitnehmer von einem Betriebe (Arbeitgeber), der in dem einen Staate seinen Sitz (Wohnsitz) hat, zu einer vorübergehenden Beschäftigung in das andere Staatsgebiet entsandt, so finden für die Dauer eines Jahres die Rechtsvorschriften des Staates Anwendung, in dem der Sitz des entsendenden Betriebes, in Ermangelung eines Betriebes der Wohnsitz des Arbeitgebers, gelegen ist. Die Rechtsvorschriften dieses Staates gelten auch für eine Beschäftigung, die ihrer Natur nach einen wiederholten, in jedem einzelnen Falle ein Jahr nicht übersteigenden Aufenthalt im anderen Staatsgebiet erfordert.

b) Auf die Versicherung der Arbeitnehmer

1. der in dem einen Staate bestehenden öffentlichen Verkehrsunternehmungen, die — sei es vorübergehend, sei es auf Anschlußstrecken, Durchzugsstrecken oder in Grenz- oder Übergangsbahnhöfen dauernd — im Gebiete des anderen Staates beschäftigt sind,
2. von Betrieben des Deutschen Reiches, der deutschen Länder, Gemeinden und Gemeindeverbände und von Betrieben der Tschechoslowakischen Republik, der tschechoslowakischen Länder, Bezirke und Gemeinden, die im Gebiete des anderen Staates beschäftigt sind,

finden die Rechtsvorschriften des Staates Anwendung, in dem die Stelle des Betriebes ihren Sitz hat, der solche Arbeitnehmer in ihren Personalangelegenheiten unterstehen. Bei der Deutschen Reichsbahn-Gesellschaft, den Tschechoslowakischen Staatsbahnen und den beiderseitigen Postverwaltungen ist der Sitz der höheren Verwaltungsstelle maßgebend.

Als Betrieb im Sinne der Bestimmungen unter a und b gilt auch eine Zweigniederlassung oder sonstige ständige Einrichtung, die ein Betrieb, der seinen Sitz in dem einen Staate hat, in dem anderen Staate begründet.

c) Auf die Versicherung der Arbeitnehmer der beiderseitigen diplomatischen und berufskonsularischen Vertretungen und der sonstigen amtlichen Stellen (Zollämter, Paßstellen usw.) des einen Staates, die in dem anderen Staate ihren Sitz haben, finden die Rechtsvorschriften des entsendenden Staates Anwendung, wenn die Arbeitnehmer diesem Staate angehören. Das gleiche gilt für die Versicherung von Arbeitnehmern der Leiter und der Mitglieder und der sonstigen Beamten der genannten Stellen. In der Krankenversicherung gelten jedoch die Rechtsvorschriften des Empfangsstaates, wenn der Arbeitgeber (Dienstgeber) dies beantragt.

d) Bei übergreifenden land- und forstwirtschaftlichen Betrieben, die ihren Sitz im Gebiet eines der beiden Staaten haben, finden die Rechtsvorschriften des Staates, in dem der Sitz des Betriebes gelegen ist, ausschließlich auch auf die Versicherung der Personen Anwendung, die in dem im anderen Staate gelegenen Betriebsteil tätig sind.

e) Auf die Versicherung der Arbeitnehmer, die auf Schiffen oder Flößen von Schiff- und Floßfahrtsunternehmungen auf der Elbe beschäftigt sind, finden die Rechtsvorschriften des Staates Anwendung, in dem die Arbeitnehmer ihren Wohnsitz haben. Das gleiche gilt für Schiff- und Floßfahrtsunternehmungen auf der Oder.

(2) Ist nach Abs. 1 bei einem Betriebe, der seinen Sitz in dem einen Staate hat, das Recht des anderen Staates für eine Beschäftigung in diesem Staate maßgebend, so ist die Beschäftigung im Sinne dieses Rechtes einem Betriebe gleichzuachten.

(3) Fällt der in dem einen Staate eingetretene Unfall unter die Unfallversicherungsgesetze des anderen Staates, so gelten deren Vorschriften auch insoweit, als es sich um anderweitige Entschädigungsansprüche handelt, die wegen des Unfalls nach den Gesetzen des ersteren Staates geltend gemacht werden; dies gilt auch, wenn ein Betrieb nur in einem der beiden Staaten der Unfallversicherungsgesetzgebung unterliegt. Erleidet ein Eisenbahnbediensteter während einer Beschäftigung gemäß Abs. 1b Ziff. 1 einen Unfall beim Betriebe einer fremden Bahn, so wird diese Bahn bei der Anwendung der Bestimmungen dieses Absatzes der eigenen Bahn des Bediensteten gleichgestellt.

(4) Die Anwendung der Rechtsvorschriften des einen Staates gemäß Abs. 1 hat auch zur Folge, daß die Träger, Behörden und Gerichte der Sozialversicherung dieses Staates für die Durchführung der Sozialversicherung zuständig sind.

(5) Als Unfallversicherung im Sinne dieses Vertrages gilt auch eine Unfallfürsorge, die an die Stelle der öffentlich-rechtlichen Unfallversicherung tritt.

Artikel 3

Die vertragschließenden Staaten stellen für die Leistungen aus den in Artikel 1 Ziffer 2 bis 5 bezeichneten Zweigen der Sozialversicherung den eigenen Staatsangehörigen und ihren Hinterbliebenen die Angehörigen des anderen Staates und ihre Hinterbliebenen gleich. Dies gilt für die landwirtschaftliche Unfallversicherung zugunsten landwirtschaftlicher Wanderarbeiter und ihrer Hinterbliebenen allgemein, im übrigen nur insoweit, als landwirtschaftliche Betriebe oder die in ihnen beschäftigten Personen der gleichen Art nach der Gesetzgebung beider Staaten der Unfallversicherung unterliegen.

Artikel 4

Bei Anwendung der gesetzlichen Vorschriften des einen Staates über die Abfindung von Ansprüchen aus den in Artikel 1 Ziffer 2 bis 5 bezeichneten Zweigen der Sozialversicherung gilt der Aufenthalt in dem anderen Staate für Berechtigte, die einem der beiden Staaten angehören, nicht als Aufenthalt im Ausland.

Artikel 5

Die Träger der in Artikel 1 bezeichneten Zweige der Sozialversicherung des einen Staates werden auf Antrag in der gleichen Weise, wie wenn es sich um die Durchführung der eigenen Sozialversicherung handelte, die Fortdauer des Bezugsrechts von Personen prüfen, die von einem Versicherungsträger des anderen Staates Entschädigung beziehen, und ärztliche Untersuchungen besorgen. Auslagen fallen dem ersuchenden Versicherungsträger zur Last.

Artikel 6

(1) Bei der Durchführung der in Artikel 1 bezeichneten Zweige der Sozialversicherung werden die Träger, Behörden

und Gerichte der Sozialversicherung des einen Staates den Trägern, Behörden und Gerichten der Sozialversicherung des anderen Staates Verwaltungshilfe in demselben Umfange leisten, wie wenn es sich um die Durchführung der eigenen Sozialversicherung handelte.

(2) Die Bestimmungen des Artikel 5 und des vorstehenden Absatzes gelten entsprechend für die Durchführung der tschechoslowakischen Krankenversicherung der öffentlichen Angestellten.

(3) Die Träger, Behörden und Gerichte der Sozialversicherung stellen in demselben Umfange wie zur Durchführung der eigenen Sozialversicherung, in eiligen Fällen — soweit sie im Rahmen der eigenen Vorschriften dazu befugt sind — auch von Amts wegen dasjenige fest, was zur Aufklärung des Sachverhalts notwendig ist.

(4) Die mit der Verwaltungshilfe verbundenen Auslagen werden nur in dem gleichen Umfange wie in der eigenen Sozialversicherung vergütet.

(5) Bei der Durchführung der in Artikel 1 bezeichneten Zweige der Sozialversicherung leisten die ordentlichen Gerichte Rechtshilfe nach Maßgabe der für Zivil- und Handelssachen geltenden Vorschriften.

Artikel 7

Forderungen gemäß Artikel 5 und 6 werden, sofern nicht zwischen den beiderseitigen beteiligten Stellen etwas anderes vereinbart ist, in dem Zeitpunkt fällig, in dem die Amtshandlung, die den Anlaß zur Entstehung der Auslagen gegeben hat, abgeschlossen ist. Die Forderungen sind binnen Monatsfrist nach Bekanntgabe in der Währung zu tilgen, in der sie entstanden sind. Bei Verzug sind sie mit vier vom Hundert vom Tage der Fälligkeit an zu verzinsen.

Artikel 8

(1) Die Konsuln der beiden Staaten gelten als ermächtigt, die ihrem Staate angehörenden Arbeitnehmer vor allen Trägern, Behörden und Gerichten der Sozialversicherung des anderen Staates zu vertreten; innerstaatliche Rechtsvorschriften, welche

die Vertretung durch einen besonderen Rechtsvertreter erfordern, bleiben unberührt.

(2) Von dem Abschluß von Unfalluntersuchungen ist, wenn es sich um Angehörige des anderen Staates handelt, der zuständigen Konsularbehörde dieses Staates unverzüglich Nachricht zu geben.

Artikel 9

Die obersten Verwaltungsbehörden beider Staaten werden sich darüber verständigen, in welcher Weise der unmittelbare Verkehr hinsichtlich der Eingaben der Angehörigen des einen Staates an die Träger, Behörden und Gerichte der Sozialversicherung des anderen Staates möglichst zweckdienlich geregelt werden könnte.

Artikel 10

Bei Einlegung von Rechtsmitteln in Angelegenheiten der in Artikel 1 bezeichneten Zweige der Sozialversicherung gelten die gesetzlichen Fristen auch dann als gewahrt, wenn das Rechtsmittel rechtzeitig bei einem Träger, einer Behörde oder einem Gericht der Sozialversicherung des anderen Staates eingegangen ist. In diesen Fällen ist die Rechtsmittelschrift unverzüglich, wenn eine deutsche Stelle zur Entscheidung über das Rechtsmittel zuständig ist, an das Reichsversicherungsamt in Berlin, wenn eine tschechoslowakische Stelle zur Entscheidung zuständig ist, an das Ministerium für soziale Fürsorge in Prag abzugeben.

Artikel 11

Die in dem einen Staate für die Durchführung der eigenen Sozialversicherung geltenden Vorschriften über Befreiungen oder Erleichterungen hinsichtlich der Stempel- und sonstigen Gebühren kommen in gleicher Weise auch der Durchführung der Sozialversicherung des anderen Staates zugute.

Artikel 12

(1) Wird zwischen Trägern, Behörden oder Gerichten der Sozialversicherung der beiden Staaten im Einzelfalle die Frage streitig, ob das Recht des einen oder des anderen Staates anzuwenden ist, so kann, bis die Entscheidung gemäß Artikel 30 ge-

troffen ist, der Versicherungsträger, bei dem ein Anspruch aus dem streitigen Beschäftigungsverhältnis zuerst angemeldet wird, eine vorläufige Fürsorge gewähren. Der Träger der Rentenversicherung kann eine Krankenkasse mit der Durchführung der Fürsorge betrauen. Die Fürsorge besteht in den Leistungen, zu denen der Versicherungsträger nach dem für ihn geltenden Recht verpflichtet wäre.

(2) Wird die vorläufige Fürsorge verweigert oder nicht in dem erforderlichen Umfange gewährt, so kann auf Beschwerde die Aufsichtsbehörde den Versicherungsträger zur Gewährung der vorläufigen Fürsorge anhalten und das Maß der Leistungen bestimmen. Bei Streit zwischen Versicherungsträgern, die nicht derselben Aufsichtsbehörde unterstehen, entscheidet die oberste Verwaltungsbehörde — gegebenenfalls im Einvernehmen mit den beteiligten Ministerien — oder die von ihr bestimmte Stelle.

(3) Der endgültig verpflichtete Versicherungsträger hat dem Versicherungsträger, der die vorläufige Fürsorge gewährt hat, die dafür gemachten Aufwendungen zu erstatten. Artikel 7 gilt entsprechend.

B. Besondere Bestimmungen

I. Krankenversicherung

Artikel 13

(1) Die Leistungen aus der Krankenversicherung ruhen, wenn sich der Berechtigte nach Eintritt des Versicherungsfalls freiwillig ohne Zustimmung des Versicherungsträgers in das Gebiet des anderen Staates begibt. Die Zustimmung ist nicht erforderlich, wenn sich der Berechtigte in ein dem Bezirke (Sprengel) seiner Krankenkasse benachbartes Grenzgebiet des anderen Staates begibt, solange er sich dort aufhält. Das Ruhen des Anspruchs ist auch dann ausgeschlossen, wenn der Berechtigte von vornherein in einem solchen Gebiete wohnt, solange er sich dort aufhält.

(2) Als benachbartes Grenzgebiet im Sinne dieses Artikels gilt der Bezirk der Krankenkasse des anderen Staates, der eine gemeinsame Grenze mit dem Bezirke der für die Gewährung der Leistungen zuständigen Krankenkasse hat.

(3) Die obersten Verwaltungsbehörden beider Staaten werden außerdem vereinbaren, welche weiteren Gebiete jeweils als Grenzgebiete im Sinne dieses Artikels anzusehen sind. Grundsätzlich sollen zu Grenzgebieten insbesondere diejenigen Nachbargebiete erklärt werden, zwischen denen ein regelmäßiger Verkehr von Arbeitskräften stattfindet.

(4) Beim Aufenthalt im Grenzgebiet kann die verpflichtete Kasse die Leistungen entweder selbst gewähren oder eine Kasse des anderen Staates um die Gewährung der Leistungen ersuchen. Die ersuchte Kasse hat die Leistungen nach Maßgabe der Vorschriften zu gewähren, die für die ersuchende Kasse gelten. Der ersuchten Kasse sind die tatsächlich verauslagten Kosten zu erstatten; für die Erstattung der Kosten der Sachleistungen gelten dabei die Gebührensätze, die die ersuchte Kasse für ihre eigenen Berechtigten aufzuwenden hat. Artikel 7 gilt entsprechend.

Artikel 14

(1) Die beteiligten Krankenkassen oder ihre Verbände können über die gegenseitige Hilfeleistung und die Gewährung von Familienhilfe in Grenzgebieten und für die Besatzungen von Binnenschiffen und Flößen Näheres vereinbaren.

(2) Mit Zustimmung der obersten Verwaltungsbehörde im Sinne dieses Vertrages können die beteiligten Krankenkassen und ihre Verbände vereinbaren, daß Mitgliedschaftszeiten, welche im Gebiete des einen Staates zurückgelegt sind, im anderen Staate angerechnet werden, soweit Ansprüche von einer Mindestmitgliedschaftsdauer abhängen.

II. Unfallversicherung

Artikel 15

Betriebsunternehmer dürfen zur Unfallversicherung des einen Staates nicht deshalb mit höheren Versicherungsbeiträgen herangezogen werden, weil der Betrieb seinen Sitz in dem anderen Staate hat.

III. Invalidenversicherung (Invaliditäts- und Altersversicherung), Angestelltenversicherung und knappschaftliche Pensionsversicherung der Angestellten (Pensionsversicherung der Privat-

angestellten in höheren Diensten) sowie knappschaftliche Pensionsversicherung der Arbeiter (Bruderladenprovisionsversicherung)

Artikel 16

(1) Sind für einen Versicherten Beiträge zur deutschen Invalidenversicherung und zur tschechoslowakischen Invaliditäts- und Altersversicherung entrichtet, so werden diese Beitragszeiten, soweit sie sich nicht decken, für die Aufrechterhaltung der Anwartschaften (Ansprüche) und für die Erfüllung der Wartezeit zusammengerechnet. Welche Zeiten sonst anrechenbar sind, richtet sich für die Versicherungsträger jedes der beiden Staaten nach innerstaatlichem Recht.

(2) Beim Eintritt eines Versicherungsfalles gewähren die Versicherungsträger beider Staaten die Rente, auf die nach den innerstaatlichen Vorschriften unter Berücksichtigung des Abs. 1 dieses Artikels ein Anspruch besteht. Der Berechnung der Rente werden die innerstaatlichen Beitragszeiten zugrunde gelegt. Von dem deutschen Grundbetrag und Kinderzuschuß sowie von dem tschechoslowakischen Grundbetrag ist aber nur der Teil zu zahlen, der dem Verhältnis der innerstaatlichen Beitragszeit zur Summe der in beiden Staaten zurückgelegten Beitragszeiten entspricht. Diese Kürzung tritt nicht ein, wenn in einem der beiden Staaten nicht mehr als sechsundzwanzig Beitragswochen zurückgelegt sind; in diesem Falle besteht gegen den Versicherungsträger des Staates, in dem nicht mehr als sechsundzwanzig Beitragswochen zurückgelegt sind, kein Anspruch auf Rente.

(3) Gekürzte Renten (Abs. 2), die den Betrag von fünf Reichsmark oder vierzig Kronen monatlich nicht übersteigen, können mit ihrem Kapitalwert abgefunden werden.

(4) Der Bezug der Rente in dem einen Staate erhält die Anwartschaft (Ansprüche) auch in dem anderen Staate.

(5) Die Bestimmungen dieses Artikels gelten nicht für einmalige Leistungen.

Artikel 17

Artikel 16 gilt entsprechend, wenn für den Versicherten Beiträge zur deutschen Angestelltenversicherung oder knappschaftlichen Pensionsversicherung der Angestellten und zur tschechoslowakischen Pensionsversicherung der Privatangestellten in höheren Diensten entrichtet worden sind, mit der Maßgabe, daß an Stelle der sechsundzwanzig Beitragswochen nach Artikel 16 Abs. 2 zwölf Beitragsmonate treten. Dabei gelten die Bestimmungen über den Grundbetrag auch für die Mindestrenten nach den tschechoslowakischen Rechtsvorschriften.

Artikel 18

Artikel 16 gilt entsprechend, wenn für den Versicherten Beiträge zur deutschen knappschaftlichen Pensionsversicherung der Arbeiter und zur tschechoslowakischen Bruderladenprovisionsversicherung entrichtet worden sind.

Artikel 19

Bei der Feststellung, ob ein Rentenanspruch aus einem der in Artikel 1 Ziffer 3 bis 5 bezeichneten Versicherungszweige besteht, werden die im Gebiet eines der beiden Staaten zurückgelegten Beitragszeiten im anderen Staat in dem gleichen Maße berücksichtigt, wie wenn diese Beitragszeiten in der entsprechenden Versicherung dieses anderen Staates zurückgelegt worden wären.

Artikel 20

Der Reichszuschuß (Staatsbeitrag) zu den Renten der Invalidenversicherung (Invaliditäts- und Altersversicherung), an denen Versicherungsträger beider Staaten beteiligt sind, wird von dem Staate gezahlt, in dem der Berechtigte nicht nur vorübergehend wohnt.

Artikel 21

Ist die nach den vorstehenden Bestimmungen berechnete Summe der Renten (einschließlich Reichszuschuß — Staatsbeitrag —) kleiner als die Rente, die der Versicherungsträger eines der beiden Staaten allein nach innerstaatlicher Vorschrift auf Grund der in seinem Staate zurückgelegten Beitragszeit zu gewähren hätte, so hat dieser Versicherungsträger seinen Rentenanteil um den Unterschiedsbetrag zu erhöhen. Für den Vergleich wird von der Goldrelation der beiden Währungen ausgegangen.

Artikel 22

Die Versicherungsträger beider Staaten stellen die von ihnen zu gewährenden Leistungen fest und erteilen hierüber einen Bescheid. Dem entsprechenden Versicherungsträger des anderen Staates ist vorher Gelegenheit zur Äußerung zu geben, wenn Beiträge an beide Staaten entrichtet sind. Ist der Anspruch auch ohne die Bestimmungen dieses Vertrags nach innerstaatlichem Recht begründet, so ist eine vorläufige Leistung zu gewähren; im übrigen kann eine vorläufige Leistung gewährt werden.

Artikel 23

Die Versicherungsträger der beiden Staaten können vereinbaren, daß die nach den vorstehenden Bestimmungen zu gewährenden Teilrenten von dem einen Versicherungsträger voll ausgezahlt werden; der andere erstattet dann laufend die ihm zur Last fallenden Beträge.

C. *Schlußbestimmungen*

Artikel 24

(1) Bestimmungen zur Ausführung dieses Vertrages werden von jedem der beiden Staaten, soweit sie für seinen Bereich erforderlich sind, selbständig getroffen.

(2) Die hiernach getroffenen Bestimmungen sollen der obersten Verwaltungsbehörde des anderen Staates mitgeteilt werden.

Artikel 25

Die obersten Verwaltungsbehörden beider Staaten werden sich darüber verständigen, in welcher Weise

a) Zustellungen und Zahlungen zur Durchführung der Sozialversicherung aus dem Gebiete des einen Staates in das des andern möglichst einfach und mit möglichst geringen Kosten bewirkt werden,

b) Beitragsrückstände oder andere aus einem Versicherungsverhältnis entstandene Forderungen der Versicherungsträger des einen Staates gegen Schuldner in dem anderen Staate beigetrieben werden.

Artikel 26

Oberste Verwaltungsbehörde im Sinne dieses Vertrags ist auf deutscher Seite der Reichsarbeitsminister, auf tschechoslowakischer Seite der Minister für Soziale Fürsorge.

Artikel 27

(1) Bei der Durchführung dieses Vertrags verkehren die Träger, Behörden und Gerichte der Sozialversicherung beider Staaten miteinander unmittelbar.

(2) Ist der unmittelbare Verkehr aus besonderen Gründen untunlich, so können die Träger, Behörden und Gerichte der Sozialversicherung des einen Staates die Vermittlung der für ihren Sitz zuständigen Konsularbehörde des anderen Staates in Anspruch nehmen.

Artikel 28

(1) Für die Anwendung der Artikel 3 bis 12 macht es keinen Unterschied, ob der Versicherungsfall vor oder nach dem Inkrafttreten dieses Vertrags eingetreten ist.

(2) Ist der Antrag auf Hinterbliebenenrente aus der Unfallversicherung vor dem Inkrafttreten dieses Vertrags rechtskräftig abgelehnt worden, so ist auf Antrag ein neuer Bescheid zu erteilen. Der Antrag kann nur bis zum Ablauf eines Jahres nach dem Inkrafttreten dieses Vertrags gestellt werden.

Artikel 29

Bei der Anwendung dieses Vertrags sind auch die Beitragszeiten zu berücksichtigen, die vor dem Inkrafttreten des Vertrags zurückgelegt sind.

Artikel 30

Die obersten Verwaltungsbehörden beider Staaten (Artikel 26) entscheiden im beiderseitigen Einvernehmen über Streitigkeiten, die sich bei der Auslegung und bei der Anwendung des vorliegenden Vertrags ergeben. Kommt es nicht zu einer Einigung, so richtet sich das weitere Verfahren nach dem Schiedsvertrage zwischen dem Deutschen Reiche und der Tschechoslowakischen Republik vom 16. Oktober 1925.

Artikel 31

(1) Dieser Vertrag soll ratifiziert werden. Die Ratifikationsurkunden sollen so bald wie möglich in Prag ausgetauscht werden. Der Vertrag tritt mit dem ersten Tage des Monats in Kraft, der auf den Austausch der Ratifikationsurkunden folgt.

(2) Jeder der beiden Staaten kann den Vertrag mit einer Frist von mindestens einem Jahr für den Schluß eines Kalenderjahres kündigen. In jedem Falle sind aber die Verspflichtungen aus den Versicherungsfällen, die während der Geltung des Vertrags eingetreten sind, von den auf Grund des Vertrags verpflichteten Versicherungsträgern weiterzuerfüllen. Anwartschaften, die nach den Bestimmungen dieses Vertrags aufrechterhalten sind, erlöschen durch die Kündigung des Vertrags nicht; ihre weitere Aufrechterhaltung richtet sich für die Zeit nach dem Außerkrafttreten des Vertrags nach innerstaatlichem Recht.

Zu Urkund dessen haben die Bevollmächtigten diesen Vertrag mit ihren Unterschriften versehen.

Ausgefertigt in doppelter Urschrift in deutscher und in tschechoslowakischer Sprache.

Berlin, den 21. März 1931.

Dr. *A. Grieser*
Dr. *Jan Brablec*
Adolf Siedler
Dr. *K. Gregor*

15. Vertrag
zwischen dem
Deutschen Reich
und der
Tschechoslowakischen Republik
über Grenzwasserläufe auf der sächsischen und der bayerischen Strecke der Grenze sowie über einen Gebietsaustausch an der Grenze

vom 27. September 1935*

Der Deutsche Reichskanzler

und

der Präsident der Tschechoslowakischen Republik

sind übereingekommen, die sich auf Lage und Beweglichkeit der Grenze in Wasserläufen beziehenden Grundsätze des am 31. Januar 1930 unterzeichneten Vertrages zwischen dem Deutschen Reich und der Tschechoslowakischen Republik über Grenzwasserläufe und Gebietsaustausch an der preußischen Strecke der deutsch-tschechoslowakischen Grenze auch auf die sächsische und die bayerische Strecke anzuwenden und außerdem in Ergänzung des vorbezeichneten Vertrages einen weiteren Gebietsaustausch vorzunehmen. Um eine vertragliche Regelung hierüber herbeizuführen, haben zu Bevollmächtigten ernannt

der Deutsche Reichskanzler

den Gesandten Herrn Dr. *Paul Eckardt*

und

der Präsident der Tschechoslowakischen Republik

den tschechoslowakischen Kommissar für Grenzangelegenheiten Herrn Ing. Dr. h. c. *Václav Roubík*.

Die Bevollmächtigten haben, nachdem sie ihre Vollmachten einander mitgeteilt und in guter und gehöriger Form befunden haben, nachstehendes vereinbart:

* Abdruck nach Reichsgesetzblatt 1936 II, S. 46 ff. Der Vertrag ist am 22. Oktober 1937 in Kraft getreten (Reichsgesetzblatt 1937 II, S. 647).

A. Bestimmungen über Lage und Beweglichkeit der Grenze in Wasserläufen auf der sächsischen und der bayerischen Strecke der Grenze

Artikel 1

Für die Lage und Beweglichkeit der Grenze in Wasserläufen auf der sächsischen und der bayerischen Strecke der Grenze gelten mit Ausnahme der Elbe, des Schönwalder Baches und der Eger die Bestimmungen im Artikel 1 Absatz 1, im Artikel 2 Absatz 1 und im Artikel 3 des am 31. Januar 1930 unterzeichneten Vertrages zwischen dem Deutschen Reich und der Tschechoslowakischen Republik über Grenzwasserläufe und Gebietsaustausch an der preußischen Strecke der deutsch-tschechoslowakischen Grenze entsprechend.

Artikel 2

(1) Die Grenze in der Elbe verläuft als bewegliche Grenze in der Mitte der Rinne für die durchgehende Talschiffahrt. Diese Schiffahrtsrinne wird nach den beiderseits zuletzt anerkannten Querschnitten als ein 60 m breiter ausgeglichener Sohlenstreifen festgestellt.

(2) Die nach Absatz 1 bestimmte Grenze folgt den allmählichen natürlichen und den im Einvernehmen der zuständigen Behörden der vertragschließenden Staaten bewirkten künstlichen Veränderungen der Schiffahrtsrinne, soweit die Veränderungen von den bezeichneten Behörden festgestellt sind. Im Jahre 1941 und sodann in zehnjährigen Zeitabschnitten ist die Lage der Schiffahrtsrinne nachzuprüfen und nötigenfalls die Grenze nach den Grundsätzen des Absatzes 1 neu zu bestimmen. Bei beträchtlichen Veränderungen der Schiffahrtsrinne kann auch in der Zwischenzeit eine Neubestimmung der Grenze beantragt werden. Dem Antrag ist innerhalb Jahresfrist Folge zu geben.

Artikel 3

Die Grenze in Schönwalder Bach und in der Eger verläuft als unbewegliche Grenze so, wie sie aus dem im Jahre 1927 begonnenen Grenzurkundenwerk hervorgeht.

B. Gebietsaustausch

Artikel 4

Zwischen den vertragschließenden Staaten wird zur Erlangung einer zweckmäßigeren Grenzführung der nachstehende Gebietsaustausch vereinbart:

...

(Hinweis: Es folgt eine Aufzählung und Beschreibung von 80 Gebietsflächen).

Artikel 5

Die Artikel 5 bis 9 des am 31. Januar 1930 unterzeichneten Vertrages zwischen dem Deutschen Reich und der Tschechoslowakischen Republik über Grenzwasserläufe und Gebietsaustausch an der preußischen Strecke der deutsch-tschechoslowakischen Grenze finden mit der Maßgabe Anwendung, daß die im Artikel 6 Absatz 1 Satz 2 des vorbezeichneten Vertrages vorgesehene Übergabe der Grundbücher und Kataster durch die beteiligten Zentralbehörden oder die von ihnen ermächtigten Stellen im unmittelbaren Geschäftsverkehr erfolgt.

C. Schlußbestimmungen

Artikel 6

Dieser Vertrag ist in doppelter Urschrift in deutscher und in tschechoslowakischer Sprache ausgefertigt. Die beiden Wortlaute haben gleiche Geltung.

Artikel 7

Der Vertrag soll nebst dem Schlußprotokoll ratifiziert werden. Die Ratifikationsurkunden sollen in Prag ausgetauscht werden. Der Vertrag tritt am fünfzehnten Tage nach Ablauf des Tages in Kraft, an dem die Ratifikationsurkunden ausgetauscht worden sind.

Zu Urkund dessen haben die beiden Bevollmächtigten diesen Vertrag unterzeichnet und mit ihren Siegeln versehen.

Geschehen in Bad Elster am 27. September 1935.

Dr. *P. Eckardt*

Ing. Dr. h. c. *V. Roubik*

Schlußprotokoll

Bei Unterzeichnung des Vertrages zwischen dem Deutschen Reich und der Tschechoslowakischen Republik über Grenzwasserläufe auf der sächsischen und der bayerischen Strecke der Grenze sowie über einen Gebietsaustausch an der Grenze haben die beiden Bevollmächtigten noch über folgendes ihr Einverständnis erklärt:

Zu Artikel 4

a) Preußische Strecke der Grenze

1. Der durch das Sägewerk Heinersdorf führende Weg von d bis a (Anlage Blatt 2) ist einzuziehen. Die Fortsetzung dieses Weges von a bis zur Zufahrtsstraße zum Bahnhof Heinersdorf bei f darf bei dem Verkehr durch tschechoslowakisches Staatsgebiet für die Zwecke des Sägewerkes und seiner Besucher in der gleichen Weise wie ein Grenzweg im Sinne der Artikel 7 und 9 des am 3. Februar 1927 unterzeichneten Vertrages zwischen dem Deutschen Reich und der Tschechoslowakischen Republik zur Regelung der Grenzverhältnisse an der im Artikel 83 des Vertrages von Versailles vom 28. Juni 1919 beschriebenen Staatsgrenze benutzt werden.

2. Der Weg von d über c bis b, der ganz auf tschechoslowakischem Staatsgebiet verbleibt, nebst seiner Fortsetzung bis zur Grenze bei f darf von den Bewohnern der Gemeinde Heinersdorf zur Bewirtschaftung ihrer Grundstücke und ferner bei stärkerer Holzzufuhr auch für den Verkehr der zur Holzbeförderung nach dem Sägewerk verwendeten Fahrzeuge von und zum deutschen Zollamt Heinersdorf in der gleichen Weise wie ein Grenzweg im Sinne des Vertrages vom 3. Februar 1927 benutzt werden.

3. Die vertragschließenden Staaten werden für die Unterhaltung der unter Nr. 1 und 2 aufgeführten Wege, die dem Sägewerk Heinersdorf obliegt, alle nach ihrer Gesetzgebung zulässigen Erleichterungen gewähren.

b) Sächsische Strecke der Grenze

1. Die Ausfuhr der Erträgnisse, welche die sächsische Landesforstverwaltung aus ihrem auf tschechoslowakischem Staatsge-

biete liegenden, zum Forstrevier Rautenkranz gehörigen Besitz (Artikel 4 laufende Nr. 42) künftig bezieht, wird von der Tschechoslowakischen Regierung durch Ausfuhrverbote nicht behindert werden. Etwa erforderliche Ausfuhrbewilligungen für diese Erträgnisse werden in einem erleichterten und beschleunigten Verfahren erteilt werden. Die vorstehenden Vergünstigungen gelten sinngemäß auch für die Ausfuhr der Erträgnisse von dem den tschechoslowakischen Einwohnern gehörigen Besitz in dem an das Deutsche Reich abgetretenen Gebietsteile der tschechoslowakischen Gemeinde Niederreuth (Artikel 4 laufende Nr. 49).

2. Die vertragschließenden Staaten verpflichten sich, auf den gegeneinander ausgetauschten Gebietsteilen des Forstreviers Rautenkranz und der Gemeinde Niederreuth (Artikel 4 laufende Nr. 42 und 49) die selbständige Jagdausübung von seiten der bisher Jagdausübungsberechtigten weiterhin zuzulassen, sofern und solange eine zusammenhängende Fläche von mindestens 75 ha sich in einer Hand befindet und ihrer Form nach zur selbständigen Jagdausübung geeignet ist.

Bad Elster, den 27. September 1935.

Dr. *P. Eckardt*
Ing. Dr. h. c. *V. Roubik*

16. Verrechnungsabkommen zwischen dem Deutschen Reich und der Tschechoslowakischen Republik

vom 10. November 1937*

Die Deutsche und die Tschechoslowakische Regierung haben zur Erleichterung der gegenseitigen Zahlungen folgendes vereinbart:

Artikel I

Der Zahlungsverkehr zwischen Deutschland und der Tschechoslowakei wird, soweit es sich um die unter dieses Abkommen

* Abdruck nach Reichsgesetzblatt 1937 II, S. 695 ff.

fallenden Verbindlichkeiten handelt, in Deutschland ausschließlich durch Vermittlung der Deutschen Verrechnungskasse, in der Tschechoslowakischen Nationalbank abgewickelt.

Artikel II

Unter die Bestimmungen dieses Abkommens fallen vorbehaltlich weiterer Vereinbarungen folgende Verbindlichkeiten deutscher Schuldner gegenüber tschechoslowakischen Gläubigern und tschechoslowakischer Schuldner gegenüber deutschen Gläubigern, sofern sie nach dem 30. November 1934 fällig geworden sind:

1. Zahlungen aus der Einfuhr tschechoslowakischer Waren nach Deutschland und deutscher Waren in die Tschechoslowakei. Hierunter fallen insbesondere Zahlungen bei Fälligkeit, Vorauszahlungen, soweit sie handelsüblich sind, Teilzahlungen und Nachzahlungen für Kursdifferenzen.
2. Zahlungen aus dem gegenseitigen Lohnveredelungsverkehr.
3. Zahlungen für Nebenkosten, die in Verbindung mit dem deutsch-tschechoslowakischen Warenverkehr entstehen, und zwar insbesondere Zölle, Bahn- und Binnenschiffahrtsfrachten und -spesen, Speditionskosten, wirtschaftlich gerechtfertigte Provisionen und Transportversicherungskosten.

   Der beiderseitige Transitwarenverkehr, die Seefrachten und Spesen im Seeverkehr fallen nicht unter die Bestimmungen dieses Abkommens.

Artikel III

Als deutsche oder tschechoslowakische Waren im Sinne des Artikels II gelten solche Waren, die ausschließlich in dem ausführenden Lande erzeugt sind oder dort eine Bearbeitung oder Verarbeitung erfahren haben.

Artikel IV

Deutsche Schuldner, die gegenüber tschechoslowakischen Gläubigern Verbindlichkeiten der in Artikel II genannten Art haben, haben bei Fälligkeit Zahlung in Reichsmark auf das in

Reichsmark geführte Warenkonto der Tschechoslowakischen Nationalbank bei der Deutschen Verrechnungskasse zu leisten. Lautet die Verpflichtung des deutschen Schuldners auf eine andere Währung als Reichsmark, so ist der Gegenwert des geschuldeten Betrages in Reichsmark zu zahlen unter Umrechnung zum Kurs der betreffenden Währung, der an der Berliner Börse an dem der Zahlung vorhergehenden Börsentage notiert wird.

Tschechoslowakische Schuldner, die gegenüber deutschen Gläubigern Verbindlichkeiten der in Artikel II genannten Art haben, haben bei Fälligkeit Zahlung in tschechoslowakischen Kronen auf das Warenkonto der deutschen Verrechnungskasse, das bei der Tschechoslowakischen Nationalbank in Reichsmark geführt wird, zu leisten. Die Umrechnung der Verpflichtungen erfolgt zum Kurs der betreffenden Währung, der an der Prager Börse am Tage der Einzahlung notiert wird.

Die auf die beiderseitigen Konten eingezahlten Beträge werden nicht verzinst.

Artikel V

Die Zahlungen im Reiseverkehr von Deutschland nach der Tschechoslowakei und von der Tschechoslowakei nach Deutschland werden nach besonderen Vereinbarungen geleistet.

Artikel VI

Die Zahlungen außerhalb des deutsch-tschechoslowakischen Waren- und Reiseverkehrs erfolgen gemäß besonderen Vereinbarungen.

Artikel VII

Die Auszahlungen an deutsche Gläubiger werden von der Deutschen Verrechnungskasse, die Auszahlungen an tschechoslowakische Gläubiger werden von der Tschechoslowakischen Nationalbank grundsätzlich in der zeitlichen Reihenfolge der Einzahlungen geleistet.

Die Deutsche Verrechnungskasse und die Tschechoslowakische Nationalbank sind nicht verpflichtet, Zahlungen über das Maß der jeweils auf den Warenkonten zur Verfügung stehenden Beträge hinaus zu leisten.

Artikel VIII

Es bleibt dem Reichsbank-Direktorium bzw. der Deutschen Verrechnungskasse sowie der Tschechoslowakischen Nationalbank überlassen, im gegenseitigen Einvernehmen die ihnen notwendig erscheinenden zahlungstechnischen Maßnahmen zur Durchführung dieses Abkommens zu treffen.

Artikel IX

Dieses Abkommen kann mit einer Frist von einem Monat zum Ende eines Kalendermonats gekündigt werden.

Artikel X

Das Abkommen soll ratifiziert werden. Der Austausch der Ratifikationsurkunden soll in Prag erfolgen.

Das Abkommen tritt am 1. Januar 1938 in Kraft. Sollte jedoch der Austausch der Ratifikationsurkunden bis zum 1. Januar 1938 noch nicht erfolgt sein, so werden die beiden vertragschließenden Regierungen das Abkommen mit Wirkung vom 1. Januar 1938 vorläufig anwenden.

Geschehen in doppelter Urschrift in deutscher und tschechoslowakischer Sprache zu Berlin, am 10. November 1937.

Für das Deutsche Reich:
v. Mackensen
Spitta

Für die Tschechoslowakische Republik:
Dr. Mastný
Vrabec

17. Abkommen zwischen Deutschland, dem Vereinigten Königreich, Frankreich und Italien,

getroffen in München, am 29. September 1938*

Deutschland, das Vereinigte Königreich, Frankreich und Italien sind unter Berücksichtigung des Abkommens, das hinsichtlich der Abtre-

* Abdruck nach Reichsgesetzblatt 1938 II, S. 853 ff. — Das Abkommen selbst ist kein Vertrag zwischen dem Deutschen Reich und der Tschechoslowakischen Republik und wird daher hier im Kleindruck gebracht.

tung des sudetendeutschen Gebiets bereits grundsätzlich erzielt wurde, über folgende Bedingungen und Modalitäten dieser Abtretung und über die danach zu ergreifenden Maßnahmen übereingekommen und erklären sich durch dieses Abkommen einzeln verantwortlich für die zur Sicherung seiner Erfüllung notwendigen Schritte.

1. Die Räumung beginnt am 1. Oktober.

2. Das Vereinigte Königreich, Frankreich und Italien vereinbaren, daß die Räumung des Gebiets bis zum 10. Oktober vollzogen wird, und zwar ohne Zerstörung irgendwelcher bestehender Einrichtungen, und daß die Tschechoslowakische Regierung die Verantwortung dafür trägt, daß die Räumung ohne Beschädigung der bezeichneten Einrichtungen durchgeführt wird.

3. Die Modalitäten der Räumung werden im einzelnen durch einen internationalen Ausschuß festgelegt, der sich aus Vertretern Deutschlands, des Vereinigten Königreiches, Frankreich, Italiens und der Tschechoslowakei zusammensetzt.

4. Die etappenweise Besetzung des vorwiegend deutschen Gebietes durch deutsche Truppen beginnt am 1. Oktober. Die vier auf der anliegenden Karte* bezeichneten Gebietsabschnitte werden in folgender Reihenfolge durch deutsche Truppen besetzt:

Der mit I bezeichnete Gebietsabschnitt am 1. und 2. Oktober,
der mit II bezeichnete Gebietsabschnitt am 2. und 3. Oktober,
der mit III bezeichnete Gebietsabschnitt am 3., 4. und 5. Oktober,
der mit IV bezeichnete Gebietsabschnitt am 6. und 7. Oktober.

Das restliche Gebiet vorwiegend deutschen Charakters wird unverzüglich von dem obenerwähnten internationalen Ausschuß festgestellt und bis zum 10. Oktober durch deutsche Truppen besetzt werden.

5. Der im Paragraph 3 erwähnte internationale Ausschuß wird die Gebiete bestimmen, in denen eine Volksabstimmung stattfinden soll.** Diese Gebiete werden bis zum Abschluß der Volksabstimmung durch internationale Formationen besetzt werden. Der gleiche Ausschuß wird die Modalitäten festlegen, unter denen die Volksabstimmung durchgeführt werden soll, wobei die Modalitäten der Saar-Abstimmung als Grundlage zu betrachten sind. Der Ausschuß wird ebenfalls den Tag festsetzen, an dem die Volksabstimmung stattfindet; dieser Tag darf jedoch nicht später als Ende November liegen.

6. Die endgültige Festlegung der Grenzen wird durch den internationalen Ausschuß vorgenommen werden. Dieser Ausschuß ist be-

* Hier nicht mit abgedruckt.

** Am 13. Oktober 1938 hat der internationale Ausschuß beschlossen, auf eine Volksabstimmung zu verzichten.

rechtigt, den vier Mächten Deutschland, dem Vereinigten Königreich, Frankreich und Italien in bestimmten Ausnahmefällen geringfügige Abweichungen von der streng ethnographischen Bestimmung der ohne Volksabstimmung zu übertragenden Zonen zu empfehlen.

7. Es wird ein Optionsrecht für den Übertritt in die abgetretenen Gebiete und für den Austritt aus ihnen vorgesehen. Die Option muß innerhalb von 6 Monaten vom Zeitpunkt des Abschlusses dieses Abkommens an ausgeübt werden. Ein deutsch-tschechoslowakischer Ausschuß wird die Einzelheiten der Option bestimmen, Verfahren zur Erleichterung des Austausches der Bevölkerung erwägen und grundsätzliche Fragen klären, die sich aus diesem Austausch ergeben.

8. Die Tschechoslowakische Regierung wird innerhalb einer Frist von 4 Wochen vom Tage des Abschlusses dieses Abkommens an alle Sudetendeutschen aus ihren militärischen und polizeilichen Verbänden entlassen, die diese Entlassung wünschen. Innerhalb derselben Frist wird die Tschechoslowakische Regierung sudetendeutsche Gefangene entlassen, die wegen politischer Delikte Freiheitsstrafen verbüßen.

München, den 29. September 1938.

Adolf Hitler
Neville Chamberlain
Mussolini
Ed Daladier

Zusatz zu dem Abkommen

Seiner Majestät Regierung im Vereinigten Königreich und die Französische Regierung haben sich dem vorstehenden Abkommen angeschlossen auf der Grundlage, daß sie zu dem Angebot stehen, welches im Paragraph 6 der englisch-französischen Vorschläge vom 19. September enthalten ist, betreffend eine internationale Garantie der neuen Grenzen des Tschechoslowakischen Staates gegen einen unprovozierten Angriff.

Sobald die Frage der polnischen und ungarischen Minderheiten in der Tschechoslowakei geregelt ist, werden Deutschland und Italien ihrerseits der Tschechoslowakei eine Garantie geben.

München, den 29. September 1938.

Adolf Hitler
Neville Chamberlain
Mussolini
Ed Daladier

Zusatzerklärung

Die vier anwesenden Regierungschefs sind darüber einig, daß der in dem heutigen Abkommen vorgesehene Ausschuß sich aus dem Staatssekretär des Auswärtigen Amts, den in Berlin beglaubigten Botschaftern Englands, Frankreichs und Italiens und einem von der Tschechoslowakischen Regierung zu ernennenden Mitglied zusammensetzt.

München, den 29. September 1938.

Adolf Hitler
Neville Chamberlain
Mussolini
Ed Daladier

Zusatzerklärung

Alle Fragen, die sich aus der Gebietsübergabe ergeben, gelten als zur Zuständigkeit des internationalen Ausschusses gehörig.

München, den 29. September 1938.

Adolf Hitler
Neville Chamberlain
Mussolini
Ed Daladier

Zusätzliche Erklärung

Die Regierungschefs der vier Mächte erklären, daß das Problem der polnischen und ungarischen Minderheiten in der Tschechoslowakei, sofern es nicht innerhalb von 3 Monaten durch eine Vereinbarung unter den betreffenden Regierungen geregelt wird, den Gegenstand einer weiteren Zusammenkunft der hier anwesenden Regierungschefs der vier Mächte bilden wird.

München, den 29. September 1938.

Adolf Hitler
Neville Chamberlain
Mussolini
Ed Daladier

18. Vertrag zwischen dem Deutschen Reich und der Tschechoslowakischen Republik über Staatsangehörigkeits- und Optionsfragen

vom 20. November 1938*

Die Deutsche Regierung
und
die Tschechoslowakische Regierung,

in dem Wunsche, die sich aus der Vereinigung der sudetendeutschen Gebiete mit dem Deutschen Reich ergebenden Staatsangehörigkeits- und Optionsfragen zu regeln, haben zu Bevollmächtigten ernannt:

die Deutsche Regierung

den Ministerialdirektor im Außwärtigen Amt,
Herrn Dr. *Friedrich Gaus*,

und den Ministerialrat im Reichsministerium des Innern,
Herrn Dr. *Hans Globke*,

die Tschechoslowakische Regierung

Herrn Dr. *Antonin Koukal*,
Ministerialrat im Justizministerium in Prag,

die sich über folgende Bestimmungen geeinigt haben:

§ 1

Diejenigen tschechoslowakischen Staatsangehörigen, die am 10. Oktober 1938 ihren Wohnsitz in einer mit dem Deutschen Reich vereinigten Gemeinde gehabt haben, erwerben unter Verlust der tschechoslowakischen Staatsangehörigkeit mit Wirkung vom 10. Oktober 1938 die deutsche Staatsangehörigkeit, wenn sie

a) vor dem 1. Januar 1910 in dem mit dem Deutschen Reich vereinigten Gebiet geboren sind

* Abdruck nach Reichsgesetzblatt 1938 II, S. 896 ff. Der Vertrag ist am 26. November 1938 in Kraft getreten (Reichsgesetzblatt 1938 II, S. 895).

oder

b) die deutsche Staatsangehörigkeit mit dem 10. Januar 1920 verloren haben

oder

c) Kinder oder Enkelkinder einer Person sind, auf die die Voraussetzungen der Buchstaben a oder b zutreffen,

oder

d) Ehefrauen von Personen sind, auf die die Voraussetzung der Buchstaben a, b oder c zutreffen.

Tschechoslowakische Staatsangehörige deutscher Volkszugehörigkeit, die am 10. Oktober 1938 ihren Wohnsitz außerhalb des früheren tschechoslowakischen Staatsgebiets gehabt haben, erwerben unter Verlust der tschechoslowakischen Staatsangehörigkeit mit Wirkung vom 10. Oktober 1938 die deutsche Staatsangehörigkeit, wenn sie am 10. Oktober 1938 das Heimatrecht in einer mit dem Deutschen Reich vereinigten Gemeinde besessen haben.

Eine Ehefrau erwirbt die deutsche Staatsangehörigkeit nicht, wenn sie ihr Ehemann nicht erwirbt.

§ 2

Die Deutsche Regierung kann bis zum 10. Juli 1939 das Verlangen stellen, daß Personen nichtdeutscher Volkszugehörigkeit, die nach den Bestimmungen dieses Vertrages tschechoslowakische Staatsangehörige bleiben und seit dem 1. Januar 1910 in das mit dem Deutschen Reich vereinigte Gebiet zugezogen sind, sowie ihre die tschechoslowakische Staatsangehörigkeit besitzenden Abkömmlinge das Deutsche Reich innerhalb einer Frist von drei Monaten verlassen. Die Tschechoslowakische Regierung wird diese Personen in ihr Gebiet aufnehmen.

Die Tschechoslowakische Regierung kann bis zum 10. Juli 1939 das Verlangen stellen, daß Personen deutscher Volkszugehörigkeit, die zur Zeit des Inkrafttretens dieses Vertrages tschechoslowakische Staatsangehörige sind und seit dem 1. Januar 1910 in das jetzige Gebiet der Tschechoslowakischen Republik zugezogen sind, sowie ihre Abkömmlinge die Tschechoslowakische Republik innerhalb einer Frist von drei Monaten verlassen. Diese Personen verlieren damit die tschechoslowakische Staatsangehörigkeit; die Deutsche Regierung wird sie in ihr Gebiet aufnehmen. Dies gilt nicht für Personen, welche die tschechoslowakische Staatsangehörigkeit nach dem 30. Januar 1933 erworben haben und bis zu dem genannten Zeitpunkt deutsche oder österreichische Staatsangehörige gewesen sind.

§ 3

Personen nichtdeutscher Volkszugehörigkeit, die nach den Bestimmungen des § 1 die deutsche Staatsangehörigkeit erwerben, können bis zum 29. März 1939 für die tschechoslowakische Staatsangehörigkeit optieren.

§ 4

Deutsche Volkszugehörige, die tschechoslowakische Staatsangehörige bleiben, können bis zum 29. März 1939 für die deutsche Staatsangehörigkeit optieren. Dies gilt nicht für Personen, welche die tschechoslowakische Staatsangehörigkeit nach dem 30. Januar 1933 erworben haben und bis zu dem genannten Zeitpunkt deutsche oder österreichische Staatsangehörige gewesen sind.

§ 5

Die Option wird erklärt

a) zugunsten der tschechoslowakischen Staatsangehörigkeit in der Tschechoslowakischen Republik bei dem Ministerium des Innern in Prag, außerhalb der Tschechoslowakischen Republik bei der zuständigen tschechoslowakischen Vertretungsbehörde;
b) zugunsten der deutschen Staatsangehörigkeit im Deutschen Reich bei der zuständigen unteren Verwaltungsbehörde, außerhalb des Deutschen Reiches bei dem zuständigen deutschen Konsulat.

§ 6

Die örtliche Zuständigkeit der in § 5 genannten Stellen wird durch den Wohnsitz und in Ermangelung eines Wohnsitzes durch den Aufenthalt des Optanten bestimmt.

Wird die Optionserklärung vor einer örtlich unzuständigen Stelle der in § 5 bezeichneten Art abgegeben, so ist sie von dieser an die örtlich zuständige Stelle weiterzuleiten. Sie gilt als in dem Zeitpunkt abgegeben, in dem sie bei der ersten Stelle eingegangen ist.

§ 7

Die Optionserklärung ist bei der in § 5 genannten Behörde zu Protokoll oder schriftlich abzugeben. Die Unterschrift unter der schriftlich abgegebenen Erklärung muß von einer amtlichen Vertretung des Staates, für den optiert wird, von einem Gericht oder einem Notar beglaubigt sein.

Die Optionserklärung kann auch durch einen bevollmächtigten Vertreter abgegeben werden. Die Unterschrift unter der Vollmacht muß von einer der in Absatz 1 bezeichneten Stellen beglaubigt sein.

Für die Beglaubigung werden Gebühren, Abgaben, Stempel und sonstige Kosten nicht erhoben.

§ 8

Die zuständige Behörde des Staates, für den optiert wird, prüft, ob die Voraussetzungen der Option vorliegen. In der Tschechoslowakischen Republik bleibt diese Prüfung dem Ministerium des Innern in Prag vorbehalten.

Sind die Voraussetzungen für die Option erfüllt, so händigt die Behörde dem Optanten unverzüglich eine Optionsurkunde aus und gibt der von der anderen Regierung bestimmten Behörde hier von Nachricht.

In der Optionsurkunde sind auch die Familienmitglieder anzuführen, auf die sich die Wirkung der Option erstrecken.

Die Wirkungen der Option treten mit dem Eingang der Optionserklärung bei der Optionsbehörde ein.

Das Optionsverfahren ist frei von Gebühren, Abgaben, Stempeln und sonstigen Kosten.

§ 9

Zur Abgabe der Optionserklärung ist berechtigt, wer das 18. Lebensjahr vollendet hat.

Eine Ehefrau kann nicht selbständig optieren; die Option des Ehemannes wirkt für die Ehefrau. Dies gilt nicht, wenn die eheliche Gemeinschaft gerichtlich aufgehoben ist.

Für Personen unter 18 Jahren, für Minderjährige von mehr als 18 Jahren, bei denen die Voraussetzungen für ihre Entmündigung vorliegen, sowie für solche Personen, die entmündigt oder unter vorläufige Vormundschaft (Obsorge) gestellt worden sind, wird die Option durch ihren gesetzlichen Vertreter ausgeübt, auch wenn dieser selbst nicht optionsberechtigt ist. Für die Beurteilung der Voraussetzungen einer Optionserklärung im Sinne dieses Paragraphen ist der Zeitpunkt des Eingangs der Optionserklärung bei der Optionsbehörde maßgebend.

§ 10

Eine Option kann nicht zurückgenommen werden.

Wenn jedoch Personen, für die der gesetzliche Vertreter das Optionsrecht ausgeübt hat, vor Ablauf der Optionsfrist das 18. Lebensjahr vollendet haben oder wenn vor Ablauf dieser Frist der Grund ihrer gesetzlichen Vertretung fortgefallen ist, können sie innerhalb der Optionsfrist die Option zurücknehmen. Auf die Zurücknahme der Option finden die Bestimmungen der §§ 5 bis 7 entsprechende Anwendung.

§ 11

Im Sinne dieses Vertrages gilt als Wohnsitz einer Person der Ort, an dem sie sich in der Absicht niedergelassen hat, sich dort dauernd aufzuhalten.

Hat eine Person mehr als einen Wohnsitz, so ist der Ort maßgebend, den sie als ihren Wohnsitz bezeichnet.

§ 12

Personen, die das Gebiet des Deutschen Reiches oder der Tschechoslowakischen Republik verlassen müssen, weil dieses Verlangen auf Grund des § 2 gestellt worden ist, sowie Optanten, die bis zum 31. März 1940 ihren Wohnsitz in denjenigen Staat verlegen, für den sie optiert haben, dürfen das gesamte bewegliche Gut, das sie am Tage der Unterzeichnung dieses Vertrages besessen haben, mitnehmen und brauchen keine Abgaben hierfür zu entrichten. Ausgenommen hiervon sind bares Geld, Wertpapiere und Sammlungen, die für das Ausfuhrland von besonderer historischer oder kultureller Bedeutung sind; die Behandlung dieser Sachen bleibt einer besonderen Vereinbarung vorbehalten.

§ 13

Zur Prüfung und Behandlung aller Fragen, die sich bei der Durchführung dieses Vertrages ergeben, wird ein Gemischter Ausschuß gebildet, in den jede der beiden Regierungen eine gleiche Zahl von Vertretern entsendet.

Diesem Ausschuß obliegt insbesondere:

1. die Ausarbeitung von Vorschlägen für die Erleichterung des Austausches der Bevölkerung sowie die Klärung der grundsätzlichen Fragen, die sich aus diesem Austausch ergeben;
2. die Prüfung von Zweifeln über Staatsangehörigkeitsfragen.

Der Ausschuß kann nach Bedarf Unterausschüsse für bestimmte Bereiche bestellen.

§ 14

Dieser Vertrag tritt am 26. November 1938 in Kraft.

Ausgefertigt in doppelter Urschrift in deutscher und tschechoslowakischer Sprache.

Berlin, den 20. November 1938.

Friedrich Gaus
Hans Globke
Antonin Koukal

19. Vertrag zwischen Deutschland und der Tschechoslowakei über den Bau und Betrieb einer Durchgangsautobahn

vom 19. November 1938*

Die Deutsche Regierung und die Tschechoslowakische Regierung,

* Abdruck nach Reichsgesetzblatt 1938 II, S. 909 ff.

einig in dem Wunsch, im Interesse einer freundschaftlichen Gestaltung ihrer politischen und wirtschaftlichen Beziehungen den Verkehr zwischen ihren Ländern möglichst zu fördern,

in Würdigung der Tatsache, daß es für das Deutsche Reich eine zwingende Notwendigkeit ist, zwischen seinen das tschechoslowakische Staatsgebiet umspannenden Gebietsteilen eine direkte Verkehrsmöglichkeit zu schaffen,

in der Erkenntnis, daß dieser Notwendigkeit, ohne dadurch die Unabhängigkeit der Tschechoslowakischen Republik zu beeinträchtigen, am besten Rechnung getragen werden kann, wenn das Deutsche Reich unter Mitarbeit der Tschechoslowakischen Regierung den Bau und Betrieb einer Durchgangsautobahn im Zuge der Linie Breslau—Brünn—Wien einschließlich der erforderlichen Anschlüsse an das tschechoslowakische Straßennetz übernimmt,

in der Hoffnung, auf diese Weise dazu beizutragen, daß das Verhältnis zwischen dem Deutschen Reich und der Tschechoslowakischen Republik normalisiert und auf eine dauerhafte Grundlage gestellt wird,

haben beschlossen, hierüber einen Vertrag zu schließen, und haben zu Bevollmächtigten ernannt:

Die Deutsche Regierung

den Botschafter Dr. *Karl Ritter*,

die Tschechoslowakische Regierung

den Minister für öffentliche Arbeiten

General *Karel Husárek*,

die sich über folgende Bestimmungen geeinigt haben:

Artikel 1

Die Tschechoslowakische Regierung ist damit einverstanden, daß das Deutsche Reich durch das Unternehmen „Reichsautobahnen" auf dem Gebiete der Tschechoslowakei eine Durchgangsautobahn im Zuge der Linie Breslau—Brünn—Wien mit allen hierzu erforderlichen Nebenanlagen in der Ausgestaltung der Reichsautobahnen bauen und betreiben läßt.

Artikel 2

Die Tschechoslowakische Regierung stellt dem deutschen Unternehmen „Reichsautobahnen" als dessen Eigentum das für den Bau der Durchgangsautobahn einschließlich der Nebenanlagen und der erforderlichen Anschlüsse an das tschechoslowakische Straßennetz notwendige Land kostenlos und frei von allen Abgaben spätestens zwei Monate nach Anforderung zur Verfügung. Dieser Gebietsstreifen bleibt Teil des Staatsgebiets der Tschechoslowakischen Republik, erhält jedoch den Charakter einer vom Deutschen Reich zu betreuenden exterritorialen Zone, mit der Maßgabe, daß zum Zwecke der Durchführung dieses Vertrags alle Regierungsbefugnisse in der Zone, und zwar vom Zeitpunkt der Freigabe der Durchgangsautobahn für den Verkehr (Art. 8) einschließlich der Gerichtsbarkeit, von der Deutschen Regierung ausgeübt werden; die Zone wrid in das deutsche Zoll- und Paßgebiet eingeschlossen.

Artikel 3

Bau und Betrieb der Durchgangsautobahn mit Nebenanlagen sowie die Anschlüsse an das tschecholowakische Straßennetz werden einschließlich der späteren Unterhaltung, Ergänzung und Erneuerung von dem Unternehmen „Reichsautobahnen" auf seine Kosten und unter seiner eigenen Verantwortung durchgeführt.

Das Unternehmen „Reichsautobahnen" kann sich zur Durchführung dieser Aufgaben sowohl deutscher als auch tschechoslowakischer Unternehmer, Arbeitskräfte, Materialien, Geräte und dergleichen bedienen. Alle diese Materialien, Geräte und dergleichen bleiben frei von Abgaben irgendwelcher Art sowie von Verboten und Beschränkungen der Ein- und Ausfuhr.

Das Unternehmen „Reichsautobahnen" und die von ihm beauftragten deutschen Unternehmungen bleiben im Rahmen der Durchführung dieses Vertrages seitens der Tschechoslowakei frei von allen Abgaben.

Artikel 4

Die Deutsche Regierung beauftragt den Generalinspektor für das deutsche Straßenwesen, die Tschechoslowakische Regierung den Minister für öffentliche Arbeiten, die Rechte aus diesem Vertrage wahrzunehmen und die Interessen der beiden Regierungen zu vertreten.

Die Tschechoslowakische Regierung wird die Voraussetzungen dafür schaffen, daß der tschechoslowakische Minister für öffentliche Arbeiten entsprechend der getroffenen Planung endgültig über alle sich daraus unmittelbar oder mittelbar ergebenden Fragen auf Grund einer ihm zu erteilenden Generalvollmacht entscheiden kann.

Artikel 5

Der Generalinspektor für das deutsche Straßenwesen bestimmt die Linienführung sowie die allgemeinen Baupläne und Einzelplanungen. Soweit sich daraus gemeinsame Aufgaben ergeben, werden sie gemeinsam durch den Generalinspektor für das deutsche Straßenwesen und den tschechoslowakischen Minister für öffentliche Arbeiten gelöst. Die Tschechoslowakische Regierung ermöglicht zu ihren Lasten die Inanspruchnahme der für die Vorarbeiten notwendigen Grundstücke.

Die Festsetzung der Anschlußstellen an das tschechoslowakische Straßennetz erfolgt durch den Generalinspektor für das deutsche Straßenwesen unter Berücksichtigung der Wünsche der Tschechoslowakischen Regierung.

Artikel 6

Um auf der Durchgangsautobahn einen reibungslosen Verkehr zu ermöglichen, werden die beiderseitigen Zoll- und Paßstellen nur auf den Zufahrtswegen der Anschlußstellen an das tschechoslowakische Straßennetz errichtet. Die Errichtung der deutschen Stellen erfolgt auf Kosten des Deutschen Reiches, die Errichtung der tschechoslowakischen Stellen auf Kosten der Tschechoslowakischen Republik. Die deutschen Zoll- und Paßstellen werden innerhalb der exterritorialen Zone errichtet.

Artikel 7

Die Über- und Unterquerung der Durchgangsautobahn wird unter Berücksichtigung der Wünsche der Tschechoslowakischen Regierung auf Kosten des Deutschen Reichs durchgeführt.

Anlagen sonstiger Art über oder unter der Durchgangsautobahn bedürfen der Genehmigung des Generalinspektors für das deutsche Straßenwesen.

Artikel 8

Der Generalinspektor für das deutsche Straßenwesen bestimmt im Einvernehmen mit dem tschechoslowakischen Minister für öffentliche Arbeiten den Zeitpunkt der Freigabe der Durchgangsautobahn für den Verkehr.

Artikel 9

Dem Deutschen Reich obliegt es, für die Organisation und die Überwachung des Verkehrs auf der Durchgangsautobahn sowie für die allgemeine Sicherheit und den Schutz dieses Verkehrs zu sorgen.

Artikel 10

Das Unternehmen „Reichsautobahnen" stellt die Durchgangsautobahn sowie deren Anschlüsse an das tschechoslowakische Straßennetz dem gesamten deutschen und tschechoslowakischen Kraftfahrzeugverkehr kostenlos zur Verfügung.

Artikel 11

Alle weiteren zur Durchführung des Unternehmens erforderlichen Regelung trifft der Generalinspektor für das deutsche Straßenwesen im Einvernehmen mit dem tschechoslowakischen Minister für öffentliche Arbeiten.

Artikel 12

Sollten sich aus der Durchführung dieses Vertrags Meinungsverschiedenheiten ergeben, so werden diese zwischen der Deutschen und Tschechoslowakischen Regierung erledigt.

Artikel 13

Dieser Vertrag tritt mit der Unterzeichnung in Kraft.

Zu Urkund dessen haben die beiderseitigen Bevollmächtigten diesen Vertrag unterzeichnet.

Ausgefertigt in doppelter Urschrift in deutscher und tschechischer Sprache.

Berlin, den 19. November 1938.

Karl Ritter
Gen. Husárek

Schlußprotokoll
zum Vertrag vom 19. November 1938
über die Durchgangsautobahn

Zu Artikel 2

Soweit beim Bau deutsche Staatsangehörige beschäftigt werden, sind sie auch vor der Freigabe allein der deutschen Strafgerichtsbarkeit unterworfen. Diese Bestimmung bezieht sich nicht auf strafbare Handlungen, die außerhalb des Baugebietes von einem beim Bau beschäftigten deutschen Staatsangehörigen begangen werden und sich nicht auf den Bau beziehen.

Berlin, den 19. November 1938.

Karl Ritter
Gen. Husárek

20. Deutsch-tschechoslowakische Vereinbarung über Straffreiheit

vom 20. November 1938*

Die Tschechoslowakische Regierung wird hinsichtlich der Bewohner des Besetzungsgebietes, das nach der Grenzziehung bei der Tschechoslowakei verbleibt, und die Deutsche Regierung wird hinsichtlich der Bewohner des über die Besetzungslinie hinaus an das Deutsche Reich fallenden Gebietes keine strafrechtliche Verfolgung wegen der politischen Haltung stattfinden lassen, die diese Personen bis zum 24. November 1938 einschließlich eingenommen haben.

Berlin, den 20. November 1938.

Frhr. von Richthofen
Heidrich

* Abdruck nach Reichsgesetzblatt 1938 II, S. 901. Die Vereinbarung ist mit Unterzeichnung in Kraft getreten (Reichsgesetzblatt 1938 II, S. 901).

21. Vertrag zwischen der Deutschen Regierung und der Regierung der Tschecho-slowakischen Republik über Erleichterung des Verkehrs mit Kraftfahrzeugen und Fahrrädern

vom 22. Dezember 1938*

Die Deutsche Regierung und die Regierung der Tschecho-slowakischen Republik haben in dem Wunsche, den Verkehr mit Kraftfahrzeugen und Fahrrädern zwischen ihren Ländern zu erleichtern, beschlossen, hierüber einen Vertrag zu schließen, und haben zu Bevollmächtigten ernannt:

die Deutsche Regierung

den Ministerialdirektor im Auswärtigen Amt
Herrn *Emil Wiehl*
und den Gesandten
Herrn Dr. *Georg Martius*,

die Tschecho-slowakische Regierung

den außerordentlichen Gesandten und bevollmächtigten Minister
Herrn *Eduard Machatý*,

die sich über folgende Bestimmungen geeinigt haben:

A. Allgemeiner Verkehr

Artikel 1

Die Einreise von Kraftfahrzeugen des einen Vertragsstaates in das Gebiet des anderen Vertragsstaates ist ohne die durch internationale Abkommen vorgeschriebenen internationalen Fahrausweise für Fahrzeuge und Fahrzeugführer zulässig. Nicht in deutscher Sprache abgefaßten Fahrausweisen ist eine deutschsprachige Urkunde beizugeben, die durch die zuständige Tschecho-slowakische Amtsstelle, einen deutschen Konsul oder einen anerkannten Automobilklub gefertigt ist. Aus der dem Führerschein beizugebenden Urkunde brauchen sich nur Name und Wohnort des Inhabers der Fahrerlaubnis sowie seine Befugnis zur Führung eines Kraftfahrzeugs zu ergeben, aus der dem

* Abdruck nach Reichsgesetzblatt 1938 II, S. 911 ff.

Kraftfahrzeugschein beizugebenden Urkunde nur Name und Wohnort des Inhabers der Zulassung sowie polizeiliches Kennzeichen, Motor- und Fahrgestell-Nummer und Eigengewicht des Fahrzeugs.

Als Kraftfahrzeuge eines Vertragsstaates gelten solche, die im Gebiet dieses Staates ihren Standort haben.

Deutsche Kraftfahrzeuge brauchen das sonst im internationalen Verkehr vorgeschriebene Nationalitätszeichen D nicht zu führen.

Artikel 2

Die Tschecho-slowakische Republik verpflichtet sich, vom 1. Januar 1939 ab für deutsche Kraftfahrzeuge keine höhere Kraftfahrzeugsteuer zu erheben, als das Deutsche Reich für tschecho-slowakische Kraftfahrzeuge erhebt. Das Deutsche Reich verpflichtet sich, die Kraftfahrzeugsteuer für tschecho-slowakische Lastkraftfahrzeuge vom 1. Januar 1939 ab auf den Satz zu ermäßigen, der allgemein für ausländische Lastkraftfahrzeuge im Deutschen Reich erhoben wird.

Artikel 3

Im wechselseitigen Kraftfahrzeugverkehr zwischen dem Deutschen Reich und der Tschecho-slowakischen Republik wird der Nachweis für das Bestehen einer Haftpflichtversicherung nicht gefordert.

Artikel 4

Fahrräder, die von Bewohnern des einen Staates zum vorübergehenden Gebrauch als Reisegerät in das Gebiet des anderen Staates eingeführt werden, bleiben von Zöllen und sonstigen Abgaben sowie von allen Zollförmlichkeiten befreit.

B. Erleichterter Durchgangsverkehr

Artikel 5

Erleichterter Durchgangsverkehr findet auf bestimmten, für jedes Kalenderjahr zwischen dem Generalinspektor für das deutsche Straßenwesen und dem tschecho-slowakischen Minister für öffentliche Arbeiten vereinbarten Durchgangsstraßen statt. Ihr Verzeichnis wird in den amtlichen Blättern beider Staaten vor Jahresbeginn veröffentlicht.

Eine in das Verzeichnis aufgenommene Straße bleibt Durchgangsstraße im Sinne dieses Vertrages, solange sie nicht auf Grund einer Verständigung zwischen dem Generalinspektor und dem tschecho-slowakischen Minister für öffentliche Arbeiten in diesem Verzeichnis gestrichen und ihre Streichung in den amtlichen Blättern veröffentlicht ist.

Artikel 6

Unter Durchgangsverkehr werden die gewerbsmäßige und die nichtgewerbsmäßige Beförderung von Personen und Gütern zwischen Orten des einen Staates unter Berührung des Gebietes des anderen Staates ohne Unterwegsbedienung verstanden. Unterwegsbedienung ist das Zusteigen oder Absteigen von Fahrgästen, die Beladung oder Entladung der Fahrzeuge auf der Durchgangsstraße.

Artikel 7

Der erleichterte Durchgangsverkehr unterliegt den allgemeinen Straßenverkehrsvorschriften des Durchgangsstaates.

Jede besondere Art der Beförderung ist von den Bindungen frei, die sonst in den Vorschriften des Durchgangsstaates zur Regelung dieser besonderen Beförderungsart enthalten sind. Darunter fallen auch die Vorschriften des Gewerberechts. Insbesondere dürfen Genehmigungen, Konzessionen oder Lizenzen nicht verlangt, auch darf die Einreichung von Fahrplänen oder die Vorlegung von Tarifen für Beförderungen nicht beansprucht werden.

Artikel 8

Im erleichterten Durchgangsverkehr darf der Durchgangsstaat von Kraftfahrzeugen, die ihren Standort im Gebiet des anderen Staates haben, keine Steuern und sonstige Abgaben erheben, die an das Halten oder die Benutzung von Kraftfahrzeugen, an die Benutzung von Straßen oder an die Berorderung von Personen oder Gütern mit Kraftfahrzeugen geknüpft sind (Kraftfahrzeugsteuer, Beförderungsteuer, Fahrpreissteuer für die Massenbeförderung von Personen, Brücken-, Wegegelder u. dgl.).

Artikel 9

Kraftfahrzeuge aller Art und ihre Anhänger und Beiwagen, die in dem einen Staate ihren Standort haben und das Gebiet des anderen Staates auf einer der vereinbarten Durchgangsstraßen durchfahren, werden von den Zollbehörden des Durchgangsstaates im vereinfachten Vormerkverfahren — ohne Sicherheitsleistung und Gebührenerhebung — abgefertigt.

Die beiderseitigen Zentralfinanzverwaltungen behalten sich vor, über eine nähere Ausgestaltung dieses Vormerkverfahrens ins Benehmen zu setzen.

Wird ein Kraftfahrzeug nicht innerhalb der im Vormerkverfahren vorgesehenen Frist zur Wiederausfuhr gestellt, so werden auf Ersuchen der Zollbehörden des Durchgangsstaates die Zollbehörden des anderen Staates Ermittlungen über den Verbleib des Kraftfahrzeugs anstellen und das Ergebnis der ersuchenden Behörde mitteilen.

Artikel 10

Die zollamtlichen Verschlüsse sollen gegenseitig anerkannt werden.

Die beiden Regierungen werden eine Vereinbarung über die zollverschlußsichere Einrichtung der Lastkraftwagen schließen.

Artikel 11

Für alle Durchgangsstraßen wird eine ausreichende Durchgangsfrist gewährt werden, bei der auch die Möglichkeit angemessenen Aufenthalts berücksichtigt wird. Erforderlichenfalls können solche Fristen von den Zoll- und Grenzpolizeibehörden in beiderseitigem Einvernehmen festgesetzt werden.

In keinem Falle soll eine längere Frist gewährt werden als der laufende und der folgende Tag.

Artikel 12

Für einzelne Arten des erleichterten Durchgangsverkehrs darf keine Regelung getroffen werden, die gegenüber der allgemeinen für den erleichterten Durchgangsverkehr geltenden Regelung eine Erschwerung oder Belastung bedeuten würde.

Artikel 13

Die vorstehenden Bestimmungen gelten auch für den Kraftfahrzeugverkehr der staatlichen Eisenbahn- und Postverwaltungen.

Artikel 14

Die Durchgangsstraßen sind so zu kennzeichnen, daß bei normaler Sicht ein Abweichen von ihnen vermieden werden kann.

Die von den beiden Regierungen beauftragten Stellen werden in gegenseitigem Einvernehmen über die Art der Kennzeichnung Vereinbarungen treffen.

C. Schlußbestimmungen

Artikel 15

Die von den beiden Regierungen beauftragten Stellen werden in Verhandlungen über die Möglichkeit der Angleichung der beiderseitigen Vorschriften für den Straßenverkehr treten.

Artikel 16

Meinungsverschiedenheiten, zu denen die Ausführung dieses Vertrages Anlaß geben sollte, können in einem Ausschuß zur Sprache gebracht werden, in dem beiderseits die beteiligten inneren Dienststellen vertreten sind.

Artikel 17

Dieser Vertrag tritt am 1. Januar 1939 in Kraft und gilt zunächst bis zum 31. Dezember 1940.

Wird der Vertrag von keiner der beiden Regierungen spätestens sechs Monate vor seinem Ablauf gekündigt, so verlängert er sich jeweils um ein weiteres Kalenderjahr, bis er von einer der beiden Regierungen mit sechsmonatiger Frist gekündigt wird.

Ausgefertigt in doppelter Urschrift in deutscher und tschechischer Sprache.

Berlin, den 22. Dezember 1938.

Wiehl
Martius
Machatý

Schlußprotokoll
zum Vertrag vom 22. Dezember 1938
über Erleichterung des Verkehrs mit Kraftfahrzeugen und Fahrrädern

Zu Artikel 2

Unter Steuern im Sinne des Artikel 2 sind auch Steuern zu verstehen, die nicht vom Staat selbst, sondern von einer anderen Stelle (z. B. von einer Gemeinde) erhoben werden.

Zu Artikel 4, 9 und 10

Keine Bestimmung dieses Vertrages hindert, im Einzelfall die zur Wahrung des Zollinteresses erforderlichen Maßnahmen zu treffen, insbesondere die Ordnungsmäßigkeit des zollamtlichen Verschlusses zu prüfen und gegebenenfalls die Anerkennung zu versagen. Auch können Zollvergünstigungen dieses Vertrages versagt werden, wenn begründeter Verdacht des Mißbrauchs besteht; ein solcher Verdacht besteht insbesondere gegenüber Personen, die wegen Schmuggels oder Zuwiderhandlung gegen die Devisenbestimmungen bestraft worden sind.

Beide Regierungen behalten sich vor, Vereinbarungen über die gegenseitige Gewährung von Rechtshilfe im Falle von Zuwiderhandlungen gegen Bestimmungen dieses Vertrages zu schließen.

Zu Artikel 5

Die für das Jahr 1939 geltenden Durchgangsstraßen werden in einer besonderen Vereinbarung zwischen den beiden Regierungen spätestens bis zum 31. Januar 1939 festgesetzt und veröffentlicht.

Ihre Änderung oder Ergänzung auf Grund einer Verständigung zwischen dem Generalinspektor für das deutsche Straßenwesen und dem tschecho-slowakischen Minister für öffentliche Arbeiten wird in den amtlichen Blättern beider Staaten veröffentlicht.

Zu Artikel 5 und 17

Soweit die Durchführbarkeit der Bestimmungen noch von Maßnahmen der Zollverwaltungen abhängt, treten die Bestimmungen zu dem Zeitpunkt in Kraft, in dem diese Maßnahmen getroffen worden sind. Diese Maßnahmen sollen mit aller Beschleunigung, spätestens bis zum 31. März 1939, getroffen werden.

Zu Artikel 8

Unter Steuern und Abgaben im Sinne des Artikel 8 sind auch Steuern und Abgaben zu verstehen, die nicht vom Staat selbst, sondern von einer anderen Stelle (z. B. von einer Gemeinde) erhoben werden.

Berlin, den 22. Dezember 1938.

Wiehl
Martius
Machatý

22. Vertrag über das Schutzverhältnis zwischen dem Deutschen Reich und dem Slowakischen Staat

vom 18./23. März 1939*

Die Deutsche Regierung
und
die Slowakische Regierung

sind, nachdem sich der Slowakische Staat unter den Schutz des Deutschen Reiches gestellt hat, übereingekommen, die sich hieraus ergeben-

* Abdruck nach Reichsgesetzblatt 1939 II, S. 607. Der Vertrag ist am 23. März 1939 in Kraft getreten (Reichsgesetzblatt 1939 II, S. 606). — Der Vertrag ist nicht mit der Tschechoslowakischen Republik geschlossen und wird daher hier nur im Kleindruck gebracht.

den Folgen durch einen Vertrag zu regeln. Zu diesem Zwecke haben die unterzeichneten Bevollmächtigten der beiden Regierungen folgende Bestimmungen vereinbart:

Artikel 1

Das Deutsche Reich übernimmt den Schutz der politischen Unabhängigkeit des Slowakischen Staates und der Integrität seines Gebietes.

Artikel 2

Zur Durchführung des vom Deutschen Reich übernommenen Schutzes hat die Deutsche Wehrmacht jederzeit das Recht, in einer Zone, die westlich von der Grenze des Slowakischen Staates und östlich von der allgemeinen Linie, Ostrand der Kleinen Karpathen, Ostrand der Weißen Karpathen und Ostrand des Javornik-Gebirges, begrenzt wird, militärische Anlagen zu errichten und in der von ihr für notwendig gehaltenen Stärke besetzt zu halten.

Die Slowakische Regierung wird veranlassen, daß der für diese Anlagen erforderliche Grund und Boden der deutschen Wehrmacht zur Verfügung gestellt wird. Ferner wird die Slowakische Regierung einer Regelung zustimmen, die zur zollfreien Versorgung der deutschen Truppen und zur zollfreien Belieferung der militärischen Anlagen aus dem Reich erforderlich ist.

In der im Absatz 1 beschriebenen Zone werden die militärischen Hoheitsrechte von der deutschen Wehrmacht ausgeübt.

Personen deutscher Staatsangehörigkeit, die auf Grund eines privaten Vertragsverhältnisses mit der Errichtung militärischer Anlagen in der bezeichneten Zone befaßt sind, unterstehen insoweit der deutschen Gerichtsbarkeit.

Artikel 3

Die Slowakische Regierung wird ihre eigenen militärischen Kräfte im engen Einvernehmen mit der deutschen Wehrmacht organisieren.

Artikel 4

Entsprechend dem vereinbarten Schutzverhältnis wird die Slowakische Regierung ihre Außenpolitik stets im engen Einvernehmen mit der Deutschen Regierung führen.

Artikel 5

Dieser Vertrag tritt sofort mit der Unterzeichnung in Kraft und gilt für eine Zeit von 25 Jahren. Die beiden Regierungen werden sich vor Ablauf dieser Frist rechtzeitig über eine Verlängerung des Vertrages verständigen.

Zu Urkund dessen haben die beiderseitigen Bevollmächtigten diesen Vertrag in doppelter Ausfertigung unterzeichnet.

Wien, den 18. März 1939.
Berlin, den 23. März 1939.

Für die Deutsche Regierung:
von Ribbentrop

Für die Slowakische Regierung:
Dr. *Jozef Tiso*
Dr. *Vojtech Tuka*
Dr. *F. Durčanský*

22 a) Vertrauliches Protokoll über wirtschaftliche und finanzielle Zusammenarbeit zwischen dem Deutschen Reich und dem Staat Slowakei

vom 23. März 1939*

Berlin, den 23. März 1939.

Die unterzeichneten Bevollmächtigten der Deutschen Reichsregierung und der Slowakischen Regierung sind heute übereingekommen, daß das Deutsche Reich und der Slowakische Staat auf wirtschaftlichem und finanziellem Gebiet nach Maßgabe der folgenden Bestimmungen auf das engste zusammenarbeiten werden.

Artikel I.

Die Zusammenarbeit soll sich insbesondere erstrecken auf:

1. Steigerung und Lenkung der slowakischen landwirtschaftlichen Erzeugung unter Berücksichtigung der Absatzmöglichkeiten in Deutschland, z. B. Erhöhung der Schweineaufzucht und Steigerung der Milchwirtschaft.

2. Entwicklung der slowakischen Holz- und Forstwirtschaft durch Aufstellung von langfristigen Wirtschaftsplänen unter Berücksichtigung der Absatzmöglichkeiten in Deutschland.

* Abdruck nach: Ursachen und Folgen. Vom deutschen Zusammenbruch 1918 und 1945 bis zur staatlichen Neuordnung Deutschlands in der Gegenwart. 13. Band. S. 64 ff. Dokumenten-Verlag Dr. Herbert Wendler & Co. Berlin.

3. Erforschung, Erschließung und Verwertung der slowakischen Bodenschätze. Dabei wird davon ausgegangen, daß die Bodenschätze, soweit sie nicht für den eigenen Bedarf der Slowakei benötigt werden, in erster Linie Deutschland zur Verfügung stehen sollen. Die gesamte Bodenforschung wird der „Reichsstelle für Bodenforschung" übertragen. Die Slowakische Staatsregierung wird baldmöglichst in eine Nachprüfung eintreten, ob die bisherigen Inhaber von Freischürfen und Gerechtsamen ihren gesetzlich vorgesehenen Betriebsverpflichtungen nachgekommen sind, und wird Freischürfen und Gerechtsamen zum Erlöschen bringen, soweit diese Verpflichtungen vernachlässigt wurden.

4. Entwicklung und Lenkung der industriellen Erzeugung unter Berücksichtigung der deutschen und slowakischen Lebensinteressen und Marktverhältnisse und Zusammenarbeit auf dem Gebiet des Exports industrieller und sonstiger Waren.

5. Ausbau des Verkehrs- und Transportwesens in der Slowakei.

Artikel II.

Die Slowakei wird sich eine eigene Währung schaffen und eine slowakische Nationalbank als zentrales Noteninstitut errichten.

Deutschland wird die Slowakei bei der Schaffung einer slowakischen Nationalbank und bei dem Aufbau und der Durchführung der Devisenbewirtschaftung unterstützen.

Die Deutsche Reichsbank wird sich in geeigneter Weise an der Errichtung der slowakischen Nationalbank beteiligen und in das Direktorium dieser Bank einen Berater entsenden, der bei allen wichtigen Entscheidungen mitwirken wird. Die Slowakische Regierung wird diesen Berater auch bei der Aufstellung und Durchführung ihres Staatshaushaltes zuziehen und keine Kredite ohne seine Zustimmung aufnehmen.

Die während des militärischen Einmarsches im März 1938 nach der Slowakei gebrachten deutschen Zahlungsmittel werden zum Kurs von 1 Kč—10 Rpfg. zurückgenommen.

Es ist in Aussicht genommen, daß die Nationalbank in Prag veranlaßt wird, zur Behebung der Zahlungsmittelnot in der Slowakei 350 Millionen Kč Zahlungsmittel sofort nach Preßburg zu legen.

Artikel III.

Beide Regierungen werden alsbald in Verhandlungen eintreten über Abkommen zur Regelung des Waren- und Zahlungsverkehrs. Diese Abkommen werden insbesondere auf der Grundlage abgeschlossen werden, daß Deutschland slowakische landwirtschaftliche, forstwirtschaftliche und sonstige Waren einschließlich der Bodenschätze abnimmt und dafür Fertigwaren, Halbfabrikate und Investitionsgüter liefert.

Die Slowakei wird erst nach Abschluß der Abkommen mit Deutschland Wirtschaftsverhandlungen mit anderen Staaten führen und Deutschland über diese Verhandlungen fortlaufend unterrichten.

Eine Zoll-Union zwischen dem Deutschen Reich und der Slowakei ist nicht in Aussicht genommen. Für die Übergangszeit wird aber zwischen der Slowakei einerseits und dem Protektorat Böhmen und Mähren und den Sudetendeutschen Gebieten andererseits bis auf weiteres Zollfreiheit gewährt.

Artikel IV.

Dieses Protokoll tritt am Tage seiner Unterzeichnung in Kraft. Beide Teile werden das Protokoll streng vertraulich behandeln und seinen Inhalt nur im beiderseitigen Einvernehmen bekanntgeben.

Für die Deutsche Reichsregierung: Für die Slowakische Regierung:

v. Ribbentrop gez. *Vojtěch Tuka*

gez. Dr. *F. Durčanský*

II. VERTRÄGE ZWISCHEN DER BUNDESREPUBLIK DEUTSCHLAND UND DER TSCHECHOSLOWAKISCHEN SOZIALISTISCHEN REPUBLIK

1. Protokoll
über die Besprechung einer Gemischten Kommission in der Zeit vom 4. 2. bis 29. 4. 1952*

vom 15. Juli 1952

Auf Grund der Artikel 5 und 7 des für die Vertragspartner gültigen Warenabkommens vom 3. Dezember 1948 in der Fassung vom 21. Oktober 1949 und des Zahlungsabkommens vom 5. September 1947 in der Fassung vom 21. Oktober 1949 hat eine Gemischte Kommission in dem obenbezeichneten Zeitraum neue Warenlisten für das Jahr 1952 vereinbart und die als Anhang beigefügten weiteren Vereinbarungen getroffen.

I. Warenverkehr

Für die Zeit vom 1. Januar bis 31. Dezember 1952 wurden die als Anlagen beigefügten Warenlisten A (CS-Lieferungen) und B (Deutsche Lieferungen) vereinbart. Der Briefwechsel zwischen den Vorsitzenden der Delegationen ist hierzu Bestandteil.

II. Zahlungsverkehr

Das Zahlungsabkommen vom 5. September 1947 in der Fassung vom 21. Oktober 1949 wird gemäß der Vereinbarung zwischen der Bank deutscher Länder einerseits und der Státni banka ceskoslovenská andererseits vom 29. April 1952 angewendet. Dieses Protokoll mit Anlagen soll rückwirkend mit dem 1. Januar 1952 in Kraft treten und bis zum 31. Dezember 1952 Geltung haben.

Geschehen in 4 Ausfertigungen in deutscher und tschechischer Sprache in Unkel a. Rh. am 29. April 1952, wobei der Wortlaut in beiden Sprachen verbindlich ist.

Für die deutsche Delegation	Für die tschechoslowakische Delegation
paraphiert:	paraphiert:

* Abdruck nach Bundesanzeiger Nr. 149 vom 5. August 1952 S. 2.

gez. J. S. 29. 4. 52	gez. B. G. 29. 4. 52
(Josef Seiberlich)	*(Bohumil Glac)*
Gezeichnet:	Gezeichnet:
gez. *Josef Seiberlich*	gez. *Jaroslav Urban*
den 15. Juli 1952	den 15. Juli 1952

Der Vorsitzende
der deutschen Delegation

Bonn, den 29. April 1952

An den
Vorsitzenden der tschechoslowakischen
Delegation, Herr *Bohumil Glac*

Herr Vorsitzender!

In den vereinbarten Warenlisten für das Jahr 1952 betragen die tschechoslowakischen Lieferungen 30 000 000 (dreißig Millionen) $ gegenüber den deutschen Lieferungen in Höhe von 17 000 000 (siebzehn Millionen) $. Der Mehrbetrag der Tschechoslowakischen Lieferungen soll gemäß Vereinbarung zur Bereinigung der Zahlungsbilanz dienen, wobei nach Ihrer Zusicherung die in Ihrem Angebot bezeichneten Waren in Höhe von 8,2 Millionen $ im Laufe von 2 bis 3 Monaten, vom heutigen Datum an gerechnet, geliefert werden sollen.

Ich bitte, mir Ihre Zusicherung schriftlich zu bestätigen, daß die tschechoslowakische Seite geeignete Maßnahmen treffen wird, um die Erfüllung dieser Angebote in der angegebenen Frist sicher zu stellen; von deutscher Seite werden die entsprechenden Vorkehrungen getroffen werden.

Unter Bezugnahme auf die geführten Besprechungen schlage ich ferner vor, daß im Herbst 1952 eine Gemischte Kommission zusammentritt, um die Möglichkeit einer Erweiterung der Warenlisten mit allem Wohlwollen zu prüfen.

Mit dem Ausdruck meiner vorzüglichen Hochachtung!

gez. *Josef Seiberlich*

Der Vorsitzende
der tschechoslowakischen Delgation

Bad Honnef, den 29. April 1952

An den
Vorsitzenden der deutschen Delegation,
Herrn *Josef Seiberlich*

Herr Vorsitzender!

Ich bestätige den Empfang Ihres Schreibens vom 29. April 1952 mit folgendem Wortlaut:

. . . (Hinweis: Es folgt der Wortlaut des oben abgedruckten Briefes)

Ich beehre mich, Ihnen meine Zusicherung zu bestätigen, daß die tschechoslowakische Seite geeignete Maßnahmen treffen wird, um die Erfüllung der Angebote, welche im ersten Absatz Ihres Briefes enthalten sind, in der angegebenen Frist sicher zu stellen.

Ferner bin ich gern mit Ihrem Vorschlag einverstanden, daß im Herbst des Jahres eine Gemischte Kommission zusammentritt, um die Möglichkeit einer Erweiterung der Warenlisten mit allem Wohlwollen zu prüfen.

Mit dem Ausdruck meiner vorzüglichen Hochachtung!

gez. *Bohumil Glac*

2. Protokoll über den Zahlungsverkehr

vom 24. September 1956*

vereinbart

zwischen der Delegation aus der Bundesrepublik Deutschland und der Delegation aus der Tschechoslowakischen Republik

Unter Bezugnahme auf das Zahlungsabkommen vom 5. September 1947 in der Fassung des Protokolls vom 21. Oktober 1949, das gemäß dem Protokoll, paraphiert am 29. April 1952 und gezeichnet am 15. Juli 1952, angewandt wird, ist die

* Abdruck nach Bundesanzeiger Nr. 206 vom 23. Oktober 1956 S. 1.

Gemischte Kommission übereingekommen, den beiderseitigen Zahlungsverkehr wie folgt zu regeln:

Artikel 1

Das Protokoll findet auf das Währungsgebiet der Deutschen Mark und auf das Währungsgebiet der tschechoslowakischen Krone Anwendung.

Währungsgebiet der Deutschen Mark im Sinne des Protokolls ist das Gebiet der Bundesrepublik Deutschland und des Landes Berlin (Berlin-West).

Währungsgebiet der tschechoslowakischen Krone im Sinne des Protokolls ist das Gebiet der Tschechoslowakischen Republik.

Artikel 2

Die Bank deutscher Länder führt für die Statni banka ceskoslovenska, welche als Agent der tschechoslowakischen Regierung handelt, ein kreditorisch zu unterhaltendes, zins- und spesenfreies Konto in Deutscher Mark (DM-Konto — laufendes Konto —).

Geldinstitute in der Bundesrepublik Deutschland und im Land Berlin (Berlin-West) können für die Statni banka ceskoslovenska und für tschechoslowakische Banken, soweit diese hierzu durch die für sie zuständigen Stellen ermächtigt worden sind, Deutsche-Mark-Konten führen.

Artikel 3

Über die in Artikel 2 genannten Konten können unter Beachtung der jeweils in den beiden Ländern geltenden Devisenbestimmungen alle Zahlungen aus dem Währungsgebiet der Deutschen Mark nach dem Währungsgebiet der tschechoslowakischen Krone und umgekehrt geleistet werden.

Artikel 4

Die Bank deutscher Länder und die Statni banka ceskoslovenska werden im gegenseitigen Einvernehmen alle technischen Einzelheiten für die Durchführung dieses Protokolls regeln.

Artikel 5

Das Protokoll gilt für das Land Berlin (Berlin-West), sofern nicht die deutsche Seite innerhalb von drei Monaten nach Inkrafttreten dieses Protokolls eine gegenteilige Erklärung abgibt.

Artikel 6

Falls in einem der beiden Länder Umstände eintreten sollten, welche die Grundlage dieses Protokolls wesentlich ändern, insbesondere wenn die Währung eines Landes den Zustand der freien Konvertibilität erreicht, kann jedes Land von dem anderen die sofortige Aufnahme von Verhandlungen verlangen, um das zwischen beiden Ländern geltende Zahlungssystem der neuen Lage anzupassen.

Artikel 7

Diese Zahlungsvereinbarung kann jederzeit mit einer Frist von drei Monaten gekündigt werden.

Artikel 8

Das Protokoll tritt mit Wirkung vom 1. April 1957 in Kraft.

Geschehen zu Bonn am 24. September 1956, in vier Exemplaren, davon zwei in deutscher und zwei in tschechoslowakischer Sprache, wobei der Wortlaut in beiden Sprachen in gleicher Weise verbindlich ist.

Für die deutsche Delegation:
gez. *Walter Steidle*
Für die tschechoslowakische Delegation
gez. *Frantisek Schlégl*

Der Vorsitzende
der deutschen Delegation

Bonn, den 24. September 1956

An den
Vorsitzenden der tschechoslowakischen
Delegation
Herrn *Frantisek Schlégl*

Herr Vorsitzender!

Aus Anlaß des heute unterzeichneten Protokolls über den Zahlungsverkehr beehre ich mich, Ihnen mitzuteilen, daß die in Artikel 2 des Protokolls über den Zahlungsverkehr genannten Konten beschränkt konvertierbare DM-Konten im Sinne der jeweils geltenden Vorschriften sind.

Mit dem Ausdruck meiner vorzüglichen Hochachtung!

gez. *Walter Steidle*

Der Vorsitzende
der tschechoslowakischen
Delegation

Bonn, den 24. September 1956

An den
Vorsitzenden der deutschen Delegation
Herrn Dr. *Walter Steidle*

Herr Vorsitzender!

Ich bestätige Ihnen den Empfang Ihres heutigen Schreibens mit folgendem Wortlaut:

. . . (siehe oben)

Mit dem Ausdruck meiner vorzüglichen Hochachtung!

gez. *Frantisek Schlégl*

3. Abkommen zwischen der Regierung der Bundesrepublik Deutschland und der Regierung der Tschechoslowakischen Sozialistischen Republik über den Waren- und Zahlungsverkehr

vom 3. August 1967*

Die Regierung der Bundesrepublik Deutschland und die Regierung der Tschechoslowakischen Sozialistischen Republik von dem Wunsch geleitet, die Handelsbeziehungen zwischen beiden Ländern zu festigen und zu erweitern,

haben folgendes vereinbart:

* Abdruck nach Bundesanzeiger Nr. 61 vom 27. März 1968 S. 1.

Artikel 1

Der gegenseitige Warenverkehr wird im Rahmen der allgemein geltenden Bestimmungen und auf der Grundlage der Warenlisten

A — Lieferungen aus der Tschechoslowakischen Sozialisti-Republik in die Bundesrepublik
und

B — Lieferungen aus der Bundesrepublik Deutschland in die Tschechoslowakische Sozialistische Republik

einschließlich der sich auf den Warenverkehr beziehenden Briefwechsel durchgeführt.

Außer den in der Warenliste A vereinbarten Kontingenten bestehen weitere Einfuhrmöglichkeiten für tschechoslowakische Waren ohne wertmäßige Begrenzung entsprechend den deutschen autonomen Einfuhrbestimmungen.

Sollten die erwähnten Einfuhrbestimmungen geändert werden, so wird die Gemischte Kommission auf Wunsch einer der vertragschließenden Parteien unverzüglich zusammentreten, um entsprechende Änderungen in dem Abkommen oder den Warenlisten vorzunehmen.

Artikel 2

Die vertragschließenden Parteien werden, soweit notwendig, die für die Durchführung dieses Abkommens erforderlichen Einfuhr- und Ausfuhrgenehmigungen gemäß den jeweils geltenden Bestimmungen erteilen.

Artikel 3

Der Zahlungsverkehr zwischen beiden Ländern wickelt sich in Deutscher Mark oder anderen frei konvertierbaren Währungen ab.

Artikel 4

Es wird eine Gemischte Kommission gebildet, die jeweils auf Wunsch einer der vertragschließenden Parteien zusammentritt. Sie hat die Aufgabe, sämtliche mit der Durchführung dieses Abkommens zusammenhängenden Fragen grundsätzlicher Art zu klären, insbesondere die Warenlisten, soweit notwendig, zu überprüfen und den veränderten Verhältnissen anzupassen.

Artikel 5

Dieses Abkommen nebst seinen Warenlisten und den beigefügten Briefwechseln, die Bestandteile des Abkommens sind, gilt bis zum 31. Dezember 1969.

Jede der beiden Vertragsparteien kann jederzeit die Aufnahme von Verhandlungen über eine Revision des Abkommens zum Zwecke sachdienlicher Vertragsänderungen vorschlagen. Zeitigen diese Verhandlungen, die so geführt werden müssen, daß beide Vertragsparteien die gleichen Vorteile behalten, binnen 12 Monaten nach der Notifizierung des Revisionsbegehrens kein positives Ergebnis, so tritt das Abkommen außer Kraft.

Vom 31. Dezember 1969 an verlängert sich das Abkommen stillschweigend um jeweils ein weiteres Jahr, sofern es nicht von einer der beiden Vertragsparteien spätestens 3 Monate vor Ablauf des Kalenderjahres schriftlich gekündigt wird.

Artikel 6

Der Zeitpunkt des Inkrafttretens dieses Abkommens wird in einem besonderen Briefwechsel vereinbart werden, sobald die hierfür erforderlichen innerstaatlichen Voraussetzungen geschaffen sind. Die Warenlisten einschließlich der sich auf den Warenverkehr beziehenden Briefwechsel gelten rückwirkend vom 1. Juli 1967 an.

Geschehen zu Prag am 3. August 1967 in zwei Urschriften, jede in deutscher und in tschechischer Sprache, wobei jeder Wortlaut gleichermaßen verbindlich ist.

Für die Regierung der
Bundesrepublik Deutschland
Bahr

Für die Regierung der
Tschechoslowakischen Sozialistischen Republik
Babácek

4. Verordnung über die Gewährung von Vorrechten und Befreiungen an die Handelsvertretung der Tschechoslowakischen Sozialistischen Republik

vom 16. November 1967*

Auf Grund des Artikels 3 des Gesetzes vom 22. Juni 1954 über den Beitritt der Bundesrepublik Deutschland zum Abkommen über die Vorrechte und Befreiungen der Sonderorganisationen der Vereinten Nationen vom 21. November 1947 und über die Gewährung von Vorrechten und Befreiungen an andere zwischenstaatliche Organisationen (Bundesgesetzbl. 1954 II S. 639), zuletzt geändert durch das Gesetz vom 28. Februar 1964 (Bundesgesetzbl. II S. 187), verordnet die Bundesregierung mit Zustimmung des Bundesrates:

§ 1

Der Handelsvertretung der Tschechoslowakischen Sozialistischen Republik in der Bundesrepublik Deutschland werden unter der Voraussetzung der Gegenseitigkeit folgende Vorrechte und Befreiungen gewährt:

a) Die Handelsvertretung ist berechtigt, ihren amtlichen Schriftverkehr ungehindert zu übermitteln und sich im Verkehr mit der Tschechoslowakischen Sozialistischen Republik auch verschlüsselter Nachrichten zu bedienen. Gepäckstücke, die nur amtliche Schriftstücke oder für den amtlichen Gebrauch bestimmte Gegenstände enthalten, sind unverletzlich. Die von der Tschechoslowakischen Sozialistischen Republik mit ihrer Beförderung beauftragten Personen sind ebenfalls unverletzlich.

b) Die Archive und die sonstigen Räume der Handelsvertretung, die zur Erfüllung der amtlichen Aufgaben notwendig sind, sowie die amtliche Korrespondenz der Handelsvertretung, einschließlich des amtlichen Telegramm-, Fernschreib- und Schriftverkehrs sind vor jedem Eingriff geschützt.

c) Der Leiter und die übrigen entsandten Bediensteten der Handelsvertretung und die zu ihrem Haushalt gehörenden Familienmitglieder, soweit sie die tschechoslowakische Staatsangehörigkeit besitzen, sind — ausgenommen eine vorläufige Festnahme bei dringendem Verdacht einer schweren strafbaren Handlung — unverletzlich und unterliegen im übrigen nicht der deutschen Strafgerichtsbarkeit.

* Abdruck nach Bundesgesetzblatt 1967 II, S. 2512 ff. — Da es sich nicht um einen völkerrechtlichen Vertrag handelt, sondern um eine Verordnung der Bundesregierung, wird der Text im Kleindruck gebracht.

Der Leiter und die übrigen entsandten Bediensteten der Handelsvertretung genießen auch Befreiung von der deutschen Zivil- und Verwaltungsgerichtsbarkeit, soweit es sich nicht um privates Vermögen oder private Tätigkeit handelt.

d) Für die Zollfreiheit von Waren zur amtlichen Verwendung durch die Handelsvertretung sowie für die Zollfreiheit von Waren zum persönlichen Gebrauch oder Verbrauch durch den Leiter der Handelsvertretung und seine Stellvertreter gilt § 68 der Allgemeinen Zollordnung vom 29. November 1961 (Bundesgesetzbl. I S. 1937) in seiner jeweiligen Fassung sinngemäß. Auf Waren zum persönlichen Gebrauch oder Verbrauch durch die übrigen entsandten Bediensteten der Handelsvertretung findet § 68 der Allgemeinen Zollordnung insoweit sinngemäß Anwendung, als es sich um Umzugsgut handelt, das beim ersten Dienstantritt eingeführt wird.

e) Die Leiter und die übrigen entsandten Bediensteten der Handelsvertretung sind von der Besteuerung ihrer amtlichen Bezüge befreit.

f) Kraftfahrzeuge, die für die Handelsvertretung oder für ihre Mitglieder oder für Personen zugelassen sind, die zum Geschäftspersonal der Handelsvertretung gehören, Angehörige des Entsendestaates sind und außerhalb ihres Amtes in der Bundesrepublik Deutschland keine Erwerbstätigkeit ausüben, sind von der Kraftfahrzeugsteuer befreit.

g) Für versteuertes Benzin wird die Mineralölsteuer auf der Grundlage der Gegenseitigkeit unter den Voraussetzungen und Bedingungen des § 38 der Verordnung zur Durchführung des Mineralölsteuergesetzes vom 26. Mai 1953 (Bundesgesetzblatt I S. 237) in seiner jeweiligen Fassung erstattet, soweit es an die Handelsvertretung oder ihre entsandten Bedientseten geliefert worden ist.

h) Die Wohungen des Leiters der Handelsvertretung und seiner Stellvertreter sind unverletzlich.

i) Der Leiter und die übrigen entsandten Bediensteten der Handelsvertretung sowie die zu ihrem Haushalt gehörenden Familienmitglieder unterliegen weder dem Erfordernis der Aufenthaltserlaubnis noch den allgemeinen Meldevorschriften.

Die Personalangaben und die Funktionen der Bediensteten der Handelsvertretung werden vom Leiter der Handelsvertretung dem Auswärtigen Amt mitgeteilt.

§ 2

Diese Verordnung gilt nach § 14 des Dritten Überleitungsgesetzes vom 4. Januar 1952 (Bundesgesetzblatt I S. 1) in Verbindung mit

Artikel 4 des Gesetzes vom 22. Juni 1954 über den Beitritt der Bundesrepublik Deutschland zum Abkommen über die Vorrechte und Befreiungen der Sonderorganisationen der Vereinten Nationen vom 21. November 1947 und über die Gewährung von Vorrechten und Befreiungen an andere zwischenstaatliche Organisationen, zuletzt geändert durch das Gesetz vom 28. Februar 1964, auch im Land Berlin.

§ 3

Diese Verordnung tritt am Tage nach ihrer Verkündung in Kraft.

Bonn, den 16. November 1967

Der Stellvertreter des Bundeskanzlers
Brandt

Der Bundesminister des Auswärtigen
Brandt

5. Langfristiges Abkommen zwischen der Regierung der Bundesrepublik Deutschland und der Regierung der Tschechoslowakischen Sozialistischen Republik über den Warenverkehr und die Kooperation auf wirtschaftlichem und wissenschaftlich-technischem Gebiet

vom 17. Dezember 1970*

Die Regierung der Bundesrepublik Deutschland und die Regierung der Tschechoslowakischen Sozialistischen Republik von dem Wunsche geleitet, den Warenverkehr weiter auszubauen und zu erleichtern und die Kooperation auf wirtschaftlichem und wissenschaftlich-technischem Gebiet zwischen den beiden Ländern zu erweitern und zu vertiefen.
sind wie folgt übereingekommen:

Artikel 1

Die Vertragsparteien werden die Möglichkeiten, die sich aus der wirtschaftlichen Entwicklung in beiden Ländern für die Erweiterung der wirtschaftlichen Kooperation ergeben, in vollem Umfang nutzen und alle Anstrengungen unternehmen, um die

* Abdruck nach Bundesanzeiger Jg. 23 Nr. 1 vom 5. Januar 1971 S. 1 ff.

Voraussetzungen für eine weitere Intensivierung des Warenverkehrs zu schaffen; sie verfolgen hierbei das Ziel, während der Geltungsdauer dieses Abkommens den Warenverkehr jährlich zu steigern. Gleichzeitig werden die Vertragsparteien eine entsprechende Verbesserung der Struktur des Warenverkehrs, insbesondere eine Erhöhung des Anteils fertiger Industrieerzeugnisse, anstreben.

Artikel 2

Unter Berücksichtigung der Mitgliedschaft ihrer Länder im GATT werden sich die Vertragsparteien in ihrem gegenseitigen Warenverkehr von den Bestimmungen des GATT leiten lassen.

Artikel 3

(1) Die Vertragsparteien werden bestrebt sein, günstige Voraussetzungen für den freien Zugang von Waren der einen Vertragspartei auf den Markt der anderen Vertragspartei zu schaffen. Demgemäß wird der Warenverkehr auf der Grundlage der in beiden Ländern geltenden Bestimmungen ohne Begrenzungen abgewickelt mit Ausnahme der Waren, für die noch mengenmäßige Beschränkungen bestehen.

(2) Die Regierung der Bundesrepublik Deutschland wird während der Geltungsdauer des Abkommens ihre Politik fortsetzen, die auf eine stetige Ausweitung der Einfuhrmöglichkeiten und auf einen möglichst weitgehenden Abbau der noch bestehenden mengenmäßigen Beschränkungen abzielt.

Artikel 4

(1) Um die in diesem Abkommen genannten Ziele zu erreichen, wird der Warenverkehr zwischen beiden Ländern durch Jahresprotokolle geregelt.

(2) Für das Jahr 1970 wird der Warenverkehr gemäß den Warenlisten A und B des diesem Abkommen beigefügten Protokolls abgewickelt. Für die folgenden Jahre werden unter Berücksichtigung des in diesem Abkommen ausgedrückten Wunsches der beiden Vertragsparteien, während der Laufzeit des Abkommens den Umfang dieses Warenverkehrs von Jahr zu Jahr wesentlich zu steigern und ihn weiter zu erleichtern, Proto-

kolle auf Grund der Beschlüsse der in Artikel 11 dieses Abkommens vorgesehenen Gemischten Kommission festgelegt.

Artikel 5

Die zuständigen Behörden beider Länder werden — soweit erforderlich — Ein- und Ausfuhrgenehmigungen für Warenlieferungen mindestens bis zur Höhe der Werte oder Mengen erteilen, die in den dem jeweiligen Protokoll zu diesem Abkommen beigefügten Warenlisten enthalten sind.

Artikel 6

Die Vertragsparteien werden die Erweiterung und Vertiefung der wirtschaftlichen und wissenschaftlich-technischen Kooperation zwischen Unternehmen, Wirtschaftsorganisationen und Institutionen der beiden Länder auf verschiedenen Gebieten, insbesondere in der Industrie, der Landwirtschaft, im Bau-, Verkehrs- und Fernmeldewesen sowie auf dem Gebiet der Technologie und der angewandten Wissenschaften, unterstützen.

Artikel 7

Die wissenschaftlich-technische Kooperation wird insbesondere umfassen:

a) die gegenseitige Übermittlung von Lizenzen, technischer und technologischer Dokumentation sowie die als Ergebnis von Forschungsarbeiten hierzu entwickelten Neuerungen;

b) den Austausch von Erfahrungen im Bereich der Normung und Standardisierung der Produktion, der Arbeitsorganisation, von Forschungsarbeiten und den Austausch technischer Informationen, die gemeinsame Erarbeitung neuer technischer und technologischer Lösungen sowie den Austausch von Praktikanten.

Artikel 8

Die wirtschaftliche Kooperation wird auf Grund langfristiger Vereinbarungen zwischen den in Artikel 6 erwähnten Stellen durchgeführt und insbesondere umfassen:

a) gegenseitige Lieferungen von Rohstoffen, Halbwaren, Teilen und Elementen für ihre Verarbeitung, Bearbeitung oder

Montage in einem Land oder in beiden Ländern und den Vertrieb der erzeugten Waren auf dem Markt des einen Landes oder beider Länder, unabhängig davon, in welchem Land diese Waren erzeugt oder bearbeitet worden sind, oder auf dritten Märkten;

b) Lieferungen von Maschinen und technischen Ausrüstungen oder von Lizenzen, know how, technischer und technologischer Dokumentation durch Wirtschaftsunternehmen des einen Landes, die an dem Bezug von Waren, die mit Hilfe der gelieferten Ausrüstungen, Lizenzen und dergleichen durch Unternehmen des anderen Landes hergestellt wurden, Interesse haben (sofern dieses Interesse aus dem Bedarf der Kooperationspartner hervorgeht).

Artikel 9

(1) In dem Bestreben, Kooperationsvorhaben zu erleichtern, gewähren die Vertragsparteien im Rahmen ihrer internationalen Verpflichtungen Unternehmen, Institutionen und Wirtschaftsorganisationen beider Länder die günstigste Behandlung bei der Durchführung dieser Vorhaben im Bereich der Einfuhr- und Ausfuhrformalitäten sowie bei der Zollbehandlung.

(2) Die in Artikel 6 bis 8 genannten Kooperationsverträge werden von den interessierten Institutionen, Organisationen oder Unternehmen beider Länder in Übereinstimmung mit den in der Bundesrepublik Deutschland und in der Tschechoslowakischen Sozialistischen Republik geltenden Rechtsvorschriften abgeschlossen.

(3) Warenlieferungen aus Kooperationsverträgen, die noch mengenmäßigen Einfuhrbeschränkungen unterliegen, werden von diesen Beschränkungen freigestellt, soweit der Kooperationsvertrag nach den zur Zeit seines Abschlusses geltenden Rechtsvorschriften beider Länder geschlossen und von den zuständigen Behörden beider Länder anerkannt worden ist.

Artikel 10

Der Zahlungsverkehr zwischen beiden Ländern wickelt sich in Deutscher Mark oder in anderen frei konvertierbaren Währungen gemäß den in beiden Ländern geltenden Bestimmungen ab.

Artikel 11

(1) Um die in diesem Abkommen bezeichneten Ziele zu erreichen, setzen die Vertragsparteien eine ständige Gemischte Kommission ein, die sich aus Vertretern der beiden Regierungen zusammensetzt. Die Gemischte Kommission kann Unterausschüsse sowie Arbeitsgruppen einsetzen. An der Arbeit der Gemischten Kommission können auch Sachverständige beider Länder teilnehmen.

(2) Aufgabe der Gemischten Kommission ist die Erörterung aller mit der Durchführung dieses Abkommens zusammenhängenden Probleme, die Prüfung aller Möglichkeiten zur Ausweitung und Erleichterung des Warenverkehrs sowie der wirtschaftlichen und wissenschaftlich-technischen Kooperation.

Zu den Aufgaben der Gemischten Kommission gehören insbesondere:

a) die jährliche Analyse der Entwicklung des Warenverkehrs und die Vereinbarung von Protokollen über den Warenverkehr für das jeweils folgende Jahr der Laufzeit des Abkommens, insbesondere für diejenigen Erzeugnisse, die noch mengenmäßigen Beschränkungen unterliegen;

b) die Untersuchung der Entwicklung der Kooperation einschließlich der Prüfung, in welchen weiteren Bereichen Voraussetzungen für eine Kooperation bestehen.

(3) Die Gemischte Kommission tritt jeweils auf Wunsch einer der Vertragsparteien zusammen.

Artikel 12

Das jeweilige Jahresprotokoll über den Warenverkehr und die diesem Abkommen beigefügten Briefe bilden einen Bestandteil dieses Abkommens.

Artikel 13

Mit der Unterzeichnung dieses Abkommens tritt das Abkommen zwischen der Regierung der Bundesrepublik Deutschland und der Regierung der Tschechoslowakischen Sozialistischen Republik über den Waren- und Zahlungsverkehr vom 3. August 1967 außer Kraft.

Artikel 14

(1) Dieses Abkommen tritt mit dem Tage seiner Unterzeichnung rückwirkend vom 1. Januar 1970 an in Kraft und gilt bis zum 31. Dezember 1974.

(2) Tritt dieses Abkommen außer Kraft, so hat dies keinen Einfluß auf die Rechtsgültigkeit und Durchführung von Verträgen, die zwischen interessierten Unternehmen, Wirtschaftsorganisationen und Institutionen der beiden Länder im Zusammenhang mit diesem Abkommen abgeschlossen wurden.

(3) Die Vertragsparteien behalten sich das Recht vor, im Hinblick auf ihre internationalen Verpflichtungen Konsultationen durchzuführen, ohne daß diese Konsultationen die grundlegenden Zielsetzungen dieses Abkommens in Frage stellen dürfen, namentlich die Grundsätze der Gleichberechtigung und des gegenseitigen Vorteils beider Vertragsparteien.

Geschehen zu Prag am 17. Dezember 1970 in zwei Urschriften, jede in deutscher und tschechischer Sprache, wobei jeder Wortlaut gleichermaßen verbindlich ist.

Für die Regierung der
Bundesrepublik Deutschland
Dr. *Peter Hermes*

Für die Regierung der
Tschechoslowakischen
Sozialistischen Republik
Dr. *Alfred Killian*

Der Vorsitzende
der Delegation der Regierung
der Bundesrepublik Deutschland

Prag, den 17. Dezember 1970

Herr Vorsitzender,

unter Bezugnahme auf das heute unterzeichnete Abkommen beehre ich mich, Ihnen folgendes mitzuteilen:

In der, dem Protokoll beigefügten Warenliste A sind für zahlreiche Waren keine Kontingente mehr enthalten. Diese und andere Waren, die unter die Ausschreibung mit laufender Antragstellung fallen, können in die Bundesrepublik Deutschland nach den geltenden Einfuhrbestimmungen ohne Mengen- oder Wertbegrenzung eingeführt werden.

Genehmigen Sie, Herr Vorsitzender, den Ausdruck meiner vorzüglichen Hochachtung.

Dr. *P. Hermes*

An den
Vorsitzenden der Delegation der Regierung
der Tschechoslowakischen Sozialistischen Republik
Herrn Dr. *Alfred Killian*

Der Vorsitzende
der Delegation der Regierung
der Bundesrepublik Deutschland

Prag, den 17. Dezember 1970

Herr Vorsitzender,

unter Bezugnahme auf das heute unterzeichnete Abkommen beehre ich mich, Ihnen folgendes mitzuteilen:

Die Vertragsparteien bekräftigen ihre bisherige Auffassung, daß bei der Abwicklung des gegenseitigen Wirtschaftsverkehrs die Warenlieferungen jeweils zu marktgerechten Preisen erfolgen. Sollten in konkreten Fällen auf dem Preisgebiet Schwierigkeiten auftreten, so werden sich beide Seiten im Rahmen der Gemischten Kommission oder durch Vermittlung der Handelsvertretungen unverzüglich miteinander in Verbindung setzen, um geeignete Maßnahmen zur Beseitigung der Schwierigkeiten zu ergreifen.

Ich wäre Ihnen zu Dank verpflichtet, wenn Sie mir das Einverständnis Ihrer Regierung hierzu mitteilen würden.

Genehmigen Sie, Herr Vorsitzender, den Ausdruck meiner vorzüglichen Hochachtung.

Dr. *P. Hermes*

An den
Vorsitzenden der Delegation der Regierung
der Tschechoslowakischen Sozialistischen Republik
Herrn Dr. *Alfred Killian*

Der Vorsitzende
der Delegation der Regierung
der Bundesrepublik Deutschland

Prag, den 17. Dezember 1970

Herr Vorsitzender,

unter Bezugnahme auf das heute unterzeichnete Abkommen beehre ich mich, Ihnen folgendes mitzuteilen:

In Artikel 3 Absatz 2 des langfristigen Abkommens zwischen der Regierung der Bundesrepublik Deutschland und der Regierung der Tschechoslowakischen Republik über den Warenverkehr und die Kooperation auf wirtschaftlichem und wissenschaftlich-technischem Gebiet erklärt sich die deutsche Seite bereit, während der Geltungsdauer des Abkommens ihre Politik fortzusetzen, die auf eine stetige Ausweitung der Einfuhrmöglichkeiten und auf einen möglichst weitgehenden Abbau der noch bestehenden Beschränkungen abzielt.

Im Rahmen dieser Bemühungen wird die Bundesregierung eine weitere Entbürokratisierung des bestehenden Einfuhrverfahrens anstreben. Sie wird insbesondere die Gültigkeitsdauer der Einfuhrgenehmigungen bei den mengenmäßig nicht beschränkten Einfuhren grundsätzlich auf 12 Monate erweitern. Auf Antrag der deutschen Einführer kann die Laufzeit der Einfuhrgenehmigungen auch noch weiter ausgedehnt werden, sofern dies zur Erleichterung langfristiger Dispositionen beiträgt.

Genehmigen Sie, Herr Vorsitzender den Ausdruck meiner vorzüglichen Hochachtung.

Dr. *P. Hermes*

An den
Vorsitzenden der Delegation der Regierung
der Tschechoslowakischen Sozialistischen Republik
Herrn Dr. *Alfred Killian*

Hinweis: Es folgen die (hier nicht mitabgedruckten) Bestätigungserklärungen des Vorsitzenden der tschechoslowakischen Delegation.

Protokoll zum langfristigen Abkommen zwischen der Regierung der Bundesrepublik Deutschland und der Regierung der Tschechoslowakischen Sozialistischen Republik über den Warenverkehr und die Kooperation auf wirtschaftlichem und wissenschaftlich-technischem Gebiet

vom 17. Dezember 1970*

Die Regierung der Bundesrepublik Deutschland und die Regierung der Tschechoslowakischen Sozialistischen Republik haben auf Grund

* Abdruck nach Bundesanzeiger Jg. 23 Nr. 1 vom 5. Januar 1971 S. 3.

des Artikels 4 des heute unterzeichneten langfristigen Abkommens über den Warenverkehr und die Kooperation auf wirtschaftlichem und wissenschaftlich-technischem Gebiet folgendes vereinbart:

Artikel 1

Dieses Protokoll mit der Warenliste A (Warenlieferungen aus der Tschechoslowakischen Sozialistischen Republik in die Bundesrepublik Deutschland, soweit sie mengenmäßigen Beschränkungen unterliegen) und der indikativen Warenliste B (Warenlieferungen aus der Bundesrepublik Deutschland in die Tschechoslowakische Sozialistische Republik) sowie den heute unterzeichneten Briefen, die sich auf den Warenverkehr beziehen, gilt für die Zeit vom 1. Januar bis 31. Dezember 1970.

Falls während der Geltungsdauer dieses Protokolls kein neues Protokoll abgeschlossen wird, werden die für das Jahr 1970 geltenden Bestimmungen dieses Protokolls als für ein Jahr verlängert angesehen, es sei denn, daß eine der beiden Parteien drei Monate vor Ablauf der Gültigkeit des Protokolls eine gegenteilige Erklärung abgegeben hat.

Artikel 2

Für die in den Warenlisten angeführten Waren werden die zuständigen Behörden beider Länder Ein- und Ausfuhrgenehmigungen gemäß Artikel 5 des oben genannten Abkommens erteilen.

Soweit Einfuhrgenehmigungen in Höhe der in den Warenlisten angegebenen Werte oder Mengen bereits erteilt sind, werden die zuständigen Behörden beider Länder die Möglichkeit prüfen, ob und inwieweit darüber hinausgehende Genehmigungen erteilt werden können. Entsprechendes gilt, falls Waren eingeführt werden sollten, deren Einfuhr nicht liberalisiert ist und die in den Warenlisten nicht angeführt sind.

Artikel 3

Das am 3. Februar 1969 unterzeichnete Erste Protokoll zum Abkommen zwischen der Regierung der Bundesrepublik Deutschland und der Regierung der Tschechoslowakischen Sozialistischen Republik über den Waren- und Zahlungsverkehr vom 3. August 1967 nebst den Warenlisten A 1 und B 1 und den dazugehörigen Briefen tritt mit Wirkung vom 31. Dezember 1969 außer Kraft.

Artikel 4

Dieses Protokoll mit den Warenlisten A und B sowie die heute unterzeichneten Briefe, die sich auf den Warenverkehr beziehen, sind Bestandteile des heute unterzeichneten langfristigen Abkommens zwischen der Regierung der Bundesrepublik Deutschland und der Regierung der Tschechoslowakischen Sozialistischen Republik über den Warenverkehr und die Kooperation auf wirtschaftlichem und wissenschaftlich-technischem Gebiet.

Geschehen zu Prag am 17. Dezember 1970 in zwei Urschriften, jede in deutscher und tschechischer Sprache, wobei jeder Wortlaut gleichermaßen verbindlich ist.

Für die Regierung der Bundesrepublik Deutschland
Dr. *Peter Hermes*

Für die Regierung der Tschechoslowakischen Sozialistischen Republik
Dr. *Alfred Killian*

. . . (Hinweis: Es folgen die Warenlisten)

Zweites Protokoll zum Langfristigen Abkommen zwischen der Regierung der Bundesrepublik Deutschland und der Regierung der Tschechoslowakischen Sozialistischen Republik über den Warenverkehr und die Kooperation auf wirtschaftlichem und wissenschaftlich-technischem Gebiet

vom 17. Dezember 1970*

Die Regierung der Bundesrepublik Deutschland und die Regierung der Tschechoslowakischen Sozialistischen Republik haben auf Grund des Artikels 4 des am 17. Dezember 1970 unterzeichneten langfristigen Abkommens über den Warenverkehr und die Kooperation auf wirtschaftlichem und wissenschaftlich-technischem Gebiet folgendes vereinbart:

Artikel 1

Dieses Protokoll mit der Warenliste A (Warenlieferungen aus der Tschechoslowakischen Sozialistischen Republik in die Bundesrepublik Deutschland, soweit sie mengenmäßigen Beschränkungen unterliegen) und der Warenliste B (Warenlieferungen aus der Bundesrepublik Deutschland in die Tschechoslowakische Sozialistische Republik) sowie den heute unterzeichneten Briefen gilt für die Zeit vom 1. Januar bis 31. Dezember 1971.

* Abdruck nach Bundesanzeiger Jg. 23 Nr. 123 vom 9. Juli 1971, S. 1 ff.

Artikel 2

Für die in den Warenlisten aufgeführten Waren werden die zuständigen Behörden beider Länder Ein- und Ausfuhrgenehmigungen gemäß Artikel 5 des obengenannten Abkommens erteilen.

Soweit Einfuhrgenehmigungen in Höhe der in den Warenlisten angegebenen Werte oder Mengen bereits erteilt sind, werden die zuständigen Behörden beider Länder die Möglichkeit prüfen, ob und inwieweit darüber hinausgehende Genehmigungen erteilt werden können. Entsprechendes gilt, falls Waren eingeführt werden sollen, deren Einfuhr nicht liberalisiert ist und die in den Warenlisten nicht angeführt sind.

Artikel 3

Das am 17. Dezember 1970 unterzeichnete Protokoll zum Langfristigen Abkommen zwischen der Regierung der Bundesrepublik Deutschland und der Regierung der Tschechoslowakischen Sozialistischen Republik über den Warenverkehr und die Kooperation auf wirtschaftlichem und wissenschaftlich-technischem Gebiet vom 17. Dezember 1970 nebst den Warenlisten A und B und den dazugehörigen Briefen mit der Unterzeichnung des Zweiten Protokolls außer Kraft.

Artikel 4

Dieses Protokoll mit den Warenlisten A und B und den heute unterzeichneten Briefen ist Bestandteil des am 17. Dezember 1970 unterzeichneten Langfristigen Abkommens zwischen der Regierung der Bundesrepublik Deutschland und der Regierung der Tschechoslowakischen Sozialistischen Republik über den Warenverkehr und die Kooperation auf wirtschaftlichem und wissenschaftlich-technischem Gebiet.

Geschehen zu Prag am 28. Juni 1971 in zwei Urschriften, jede in deutscher und tschechischer Sprache, wobei jeder Wortlaut gleichermaßen verbindlich ist.

Für die Regierung
der Bundesrepublik Deutschland
Peter Hermes

Für die Regierung
der Tschechoslowakischen
Sozialistischen Republik
Alfred Killian

. . . (Hinweis: Es folgen Warenlisten).

Drittes Protokoll zum Langfristigen Abkommen zwischen der Regierung der Bundesrepublik Deutschland und der Regierung der Tschechoslowakischen Sozialistischen Republik über den Warenverkehr und die Kooperation auf wirtschaftlichem und wissenschaftlich-technischem Gebiet vom 17. Dezember 1970

vom 8. März 1972*

Die Regierung der Bundesrepublik Deutschland
und
die Regierung der Tschechoslowakischen
Sozialistischen Republik

haben auf Grund des Artikels 4 des am 17. Dezember 1970 unterzeichneten Langfristigen Abkommens über den Warenverkehr und die Kooperation auf wirtschaftlichem und wissenschaftlich-technischem Gebiet folgendes vereinbart:

Artikel 1

Dieses Protokoll mit der Warenliste A (Warenlieferungen aus der Tschechoslowakischen Sozialistischen Republik in die Bundesrepublik Deutschland, soweit sie mengenmäßigen Beschränkungen unterliegen) und der Warenliste B (Warenlieferungen aus der Bundesrepublik Deutschland in die Tschechoslowakische Sozialistische Republik) sowie den heute unterzeichneten Briefen gilt für die Zeit vom 1. Januar bis 31. Dezember 1972.

Artikel 2

Für die in den Warenlisten aufgeführten Waren werden die zuständigen Behörden beider Länder Ein- und Ausfuhrgenehmigungen gemäß Artikel 5 des oben genannten Abkommens erteilen.

Soweit Einfuhrgenehmigungen in Höhe der in den Warenlisten angegebenen Werte oder Mengen bereits erteilt sind, werden die zuständigen Behörden beider Länder die Möglichkeit prüfen, ob und inwieweit darüber hinausgehende Genehmigungen erteilt werden können. Entsprechendes gilt, falls Waren eingeführt werden sollen, deren Einfuhr nicht liberalisiert ist und die in den Warenlisten nicht angeführt sind.

* Abdruck nach Bundesgesetzblatt 1972 II, S. 276. Die Warenlisten sind im Bundesgesetzblatt 1972 II, S. 277 ff., die Briefe in Bundesgesetzblatt 1972 II, S. 282 ff. abgedruckt.

Artikel 3

Dieses Protokoll mit den Warenlisten A und B und den heute unterzeichneten Briefen ist Bestandteil des am 17. Dezember 1970 unterzeichneten Langfristigen Abkommens zwischen der Regierung der Bundesrepublik Deutschland und der Regierung der Tschechoslowakischen Sozialistischen Republik über den Warenverkehr und die Kooperation auf wirtschaftlichem und wissenschaftlich-technischem Gebiet.

Artikel 4

Dieses Protokoll tritt am Tage der Unterzeichnung in Kraft.

Geschehen zu Bonn am 8. März 1972 in zwei Urschriften, jede in deutscher und tschechischer Sprache, wobei jeder Wortlaut gleichermaßen verbindlich ist.

Für die Regierung
der Bundesrepublik Deutschland
Dr. *Peter Hermes*

Für die Regierung
der Tschechoslowakischen Sozialistischen Republik
Dr. *Alfred Killian*

6. Vertrag über die gegenseitigen Beziehungen zwischen der Bundesrepublik Deutschland und der Tschechoslowakischen Sozialistischen Republik

vom 20. Juni 1973*

Die Bundesrepublik Deutschland

und die

Tschechoslowakische Sozialistische Republik —

In der Historischen Erkenntnis, daß das harmonische Zusammenleben der Völker in Europa ein Erfordernis des Friedens bildet,

in dem festen Willen, ein für allemal mit der unheilvollen Vergangenheit in ihren Beziehungen ein Ende zu machen, vor

* Abdruck nach Bulletin des Presse- und Informationsamtes der Bundesregierung Nr. 76 vom 21. Juni 1973. Das o. a. Datum ist der Tag der Paraphierung. Der Vertrag ist noch nicht unterzeichnet und noch nicht in Kraft getreten (vgl. Vorwort S. 7).

allem im Zusammenhang mit dem Zweiten Weltkrieg, der den europäischen Völkern unermeßliche Leiden zugefügt hat,

anerkennend, daß das Münchener Abkommen vom 29. September 1938 der Tschechoslowakischen Republik durch das nationalsozialistische Regime unter Androhung von Gewalt aufgezwungen wurde,

angesichts der Tatsache, daß in beiden Ländern eine neue Generation herangewachsen ist, die ein Recht auf eine gesicherte friedliche Zukunft hat,

in der Absicht, dauerhafte Grundlage für die Entwicklung gutnachbarlicher Beziehungen zu schaffen,

in dem Bestreben, den Frieden und die Sicherheit in Europa zu festigen,

in der Überzeugung, daß die friedliche Zusammenarbeit auf der Grundlage der Ziele und Grundsätze der Charta der Vereinten Nationen dem Wunsche der Völker sowie dem Interesse des Friedens in der Welt entspricht —

sind wie folgt übereingekommen:

Artikel I.

Die Bundesrepublik Deutschland und die Tschechoslowakische Sozialistische Republik betrachten das Münchener Abkommen vom 29. September 1938 im Hinblick auf ihre gegenseitigen Beziehungen nach Maßgabe dieses Vertrages als nichtig.

Artikel II.

(1) Dieser Vertrag berührt nicht die Rechtswirkungen, die sich in bezug auf natürliche oder juristische Personen aus dem in der Zeit vom 30. September 1938 bis zum 9. Mai 1945 angewendeten Recht ergeben.

Ausgenommen hiervon sind die Auswirkungen von Maßnahmen, die beide vertragschließende Parteien wegen ihrer Unvereinbarkeit mit den fundamentalen Prinzipien der Gerechtigkeit als nichtig betrachten.

(2) Dieser Vertrag läßt die sich aus der Rechtsordnung jeder der beiden Vertragsparteien ergebende Staatsangehörigkeit lebender und verstorbener Personen unberührt.

(3) Dieser Vertrag bildet mit seinen Erklärungen über das Münchener Abkommen keine Rechtsgrundlage für materielle Ansprüche der Tschechoslowakischen Sozialistischen Republik und ihrer natürlichen und juristischen Personen.

Artikel III.

(1) Die Bundesrepublik Deutschland und die Tschechoslowakische Sozialistische Republik lassen sich in ihren gegenseitigen Beziehungen sowie in Fragen der Gewährleistung der Sicherheit in Europa und in der Welt von den Zielen und Grundsätzen, die in der Charta der Vereinten Nationen niedergelegt sind, leiten.

(2) Demgemäß werden sie entsprechend den Artikeln 1 und 2 der Charta der Vereinten Nationen alle ihre Streitfragen ausschließlich mit friedlichen Mitteln lösen und sich in Fragen, die die europäische und internationale Sicherheit berühren, sowie in ihren gegenseitigen Beziehungen der Drohung mit Gewalt oder der Anwendung von Gewalt enthalten.

Artikel IV.

(1) In Übereinstimmung mit den vorstehenden Zielen und Grundsätzen bekräftigen die Bundesrepublik Deutschland und die Tschechoslowakische Sozialistische Republik die Unverletzlichkeit ihrer gemeinsamen Grenze jetzt und in der Zukunft und verpflichten sich gegenseitig zur uneingeschränkten Achtung ihrer territorialen Integrität.

(2) Sie erklären, daß sie gegeneinander keinerlei Gebietsansprüche haben und solche auch in Zukunft nicht erheben werden.

Artikel V.

(1) Die Bundesrepublik Deutschland und die Tschechoslowakische Sozialistische Republik werden weitere Schritte zur umfassenden Entwicklung ihrer gegenseitigen Beziehungen unternehmen.

(2) Sie stimmen darin überein, daß eine Erweiterung ihrer nachbarschaftlichen Zusammenarbeit auf den Gebieten der Wirtschaft, der Wissenschaft, der wissenschaftlich-technischen

Beziehungen, der Kultur, des Umweltschutzes, des Sports, des Verkehrs und ihrer sonstigen Beziehungen in ihrem beiderseitigen Interesse liegt.

Artikel VI.

Dieser Vertrag bedarf der Ratifikation und tritt am Tage des Austausches der Ratifikationsurkunden in Kraft, der in Bonn stattfinden soll.

Zu Urkund dessen haben die Bevollmächtigten der Vertragsparteien diesen Vertrag unterschrieben.

Geschehen zu Prag am . . . .
in zwei Urschriften, jede in deutscher und tschechischer Sprache, wobei jeder Wortlaut gleichermaßen verbindlich ist.

Für die Bundesrepublik
Deutschland

Für die Tschechoslowakische
Sozialistische Republik

Briefwechsel zu Berlin (West)

An den

Minister für Auswärtige Angelegenheiten
der Tschechoslowakischen Sozialistischen Republik
Herrn Dipl.-Ing. *Bohuslav Chnoupek*

Sehr geehrter Herr Minister,

ich habe die Ehre, im Namen der Regierung der Bundesrepublik Deutschland das in den Verhandlungen erzielte Einvernehmen darüber zu bestätigen, daß die Geltung des Artikels II des heute unterzeichneten Vertrages über die gegenseitigen Beziehungen zwischen der Bundesrepublik Deutschland und der Tschechoslowakischen Sozialistischen Republik entsprechend dem Viermächte-Abkommen vom 3. September 1971 in Übereinstimmung mit den festgelegten Verfahren auf Berlin (West) erstreckt wird.

Die Bundesrepublik Deutschland und die Tschechoslowakische Sozialistische Republik nehmen in Aussicht, die Erstreckung der Verträge, die sich aus der Verwirklichung des Artikels V dieses Vertrages ergeben werden, entsprechend dem Viermächte-Abkommen vom 3. September 1971 in Übereinstimmung mit den festgelegten Verfahren auf Berlin (West) in jedem einzelnen Falle zu vereinbaren.

Ich bitte Sie, mir Ihr Einvernehmen hiermit zu bestätigen.

Genehmigen Sie, Herr Minister, die Versicherung meiner ausgezeichneten Hochachtung.

An den
Bundesminister des Auswärtigen
der Bundesrepublik Deutschland
Herrn *Walter Scheel*

Sehr geehrter Herr Minister,

ich habe die Ehre, im Namen der Regierung der Tschechoslowakischen Sozialistischen Republik den Empfang Ihres Briefes vom heutigen Tage zu bestätigen, der folgenden Wortlaut hat:

„Ich habe die Ehre, im Namen der Regierung der Bundesrepublik Deutschland das in den Verhandlungen erzielte Einvernehmen darüber zu bestätigen, daß die Geltung des Artikels II des heute unterzeichneten Vertrages über die gegenseitigen Beziehungen zwischen der Bundesrepublik Deutschland und der Tschechoslowakischen Sozialistischen Republik entsprechend dem Viermächte-Abkommen vom 3. September 1971 in Übereinstimmung mit den festgelegten Verfahren auf Berlin (West) erstreckt wird.

Die Bundesrepublik Deutschland und die Tschechoslowakische Sozialistische Republik nehmen in Aussicht, die Erstreckung der Verträge, die sich aus der Verwirklichung des Artikels V dieses Vertrages ergeben werden, entsprechend dem Viermächte-Abkommen vom 3. September 1971 in Übereinstimmung mit den festgelegten Verfahren auf Berlin (West) in jedem einzelnen Falle zu vereinbaren.

Ich bitte Sie, mir Ihr Einvernehmen hiermit zu bestätigen."

Die Regierung der Tschechoslowakischen Sozialistischen Republik ist damit einverstanden.

Genehmigen Sie, Herr Minister, die Versicherung meiner ausgezeichneten Hochachtung.

Brief der Regierung der CSSR zu Fragen der Strafverfolgung

An den
Bundesminister des Auswärtigen
der Bundesrepublik Deutschland
Herrn *Walter Scheel*

Sehr geehrter Herr Minister,

anläßlich der heutigen Unterzeichnung des Vertrages zwischen der Tschechoslowakischen Sozialistischen Republik und der Bundesrepublik

Deutschland über ihre gegenseitigen Beziehungen habe ich die Ehre, Sie im Namen der Regierung der Tschechoslowakischen Sozialistischen Republik über folgendes zu unterrichten:

Von den in den Jahren 1938 bis 1945 verübten strafbaren Handlungen können nach gültigem tschechoslowakischen Recht gegenwärtig nur noch solche Taten verfolgt werden, die nach dem tschechoslowakischen Strafgesetz strafbar sind, für die das Gesetz die Todesstrafe vorsieht und die zugleich die Merkmale von Kriegsverbrechen oder Verbrechen gegen die Menschlichkeit im Sinne des Artikels 6 Buchstaben b und c des Statuts des Internationalen Militärgerichtshofs in Nürnberg erfüllen. Für die Taten dieser Art verjährt die Strafverfolgung nicht.

In allen übrigen Fällen ist die Strafverfolgung spätestens im Jahre 1965 verjährt. An diesem Zustand wird dieser Vertrag nichts ändern.

Genehmigen Sie, Herr Minister, die Versicherung meiner ausgezeichneten Hochachtung.

Unterzeichnungsprotokoll

über die Unterzeichnung des Vertrages über die gegenseitigen Beziehungen zwischen der Bundesrepublik Deutschland und der Tschechoslowakischen Sozialistischen Republik und über den Austausch der dazugehörigen Briefe.

I.

Der Vertrag über die gegenseitigen Beziehungen zwischen der Bundesrepublik Deutschland und der Tschechoslowakischen Sozialistischen Republik wurde heute in Prag

im Namen der Bundesrepublik Deutschland

von dem Bundeskanzler der Bundesrepublik
Deutschland, Herrn *Willy Brandt*

und von dem Bundesminister des Auswärtigen der
Bundesrepublik Deutschland, Herrn Walter Scheel

im Namen der Tschechoslowakischen Sozialistischen Republik

von dem Ministerpräsidenten der
Tschechoslowakischen Sozialistischen Republik,
Herrn Dr. *Lubomir Strougal*

und von dem Minister für Auswärtige Angelegenheiten der Tschechoslowakischen Sozialistischen Republik, Herrn Dipl.-Ing. *Bohuslav Chnoupek*

unterzeichnet.

II.

Zugleich wurden

1. ein Briefwechsel über die Erstreckung des Artikels II des Vertrages über die gegenseitigen Beziehungen zwischen der Bundesrepublik Deutschland und der Tschechoslowakischen Sozialistischen Republik und über die Erstreckung weiterer Verträge im Sinne des Artikels V dieses Vertrages auf Berlin (West).

2. ein Briefwechsel über die Regelung humanitärer Fragen

im Namen der Regierung der Bundesrepublik Deutschland

von dem Bundesminister des Auswärtigen der Bundesrepublik Deutschland, Herrn Walter Scheel

im Namen der Regierung der
Tschechoslowakischen Sozialistischen Republik

von dem Minister für Auswärtige Angelegenheiten
der Tschechoslowakischen Sozialistischen
Republik, Herrn Dipl.-Ing. Bohuslav Chnoupek

durch Austausch der diesbezüglichen Briefe vollzogen.

III.

Der Außenminister der Tschechoslowakischen Sozialistischen Republik, Herr Dilp.-Ing. Bohuslav Chnoupek, überreichte dem Bundesminister des Auswärtigen der Bundesrepublik Deutschland, Herrn Walter Scheel, im Namen der Regierung der Tschechoslowakischen Sozialistischen Republik einen Brief über Fragen der Strafverfolgung.

Geschehen zu Prag am 1973
in zwei Urschriften, jede in deutscher und in tschechischer Sprache.

Für die Regierung
der Bundesrepublik
Deutschland

Für die Regierung
der Tschechoslowakischen
Sozialistischen Republik

Leiter der Delegation
der Regierung
der Bundesrepublik
Deutschland

Leiter der Delegation
der Regierung
der Tschechoslowakischen
Sozialistischen Republik

III. VERTRÄGE ZWISCHEN DER DEUTSCHEN DEMOKRATISCHEN REPUBLIK UND DER TSCHECHOSLOWAKISCHEN SOZIALISTISCHEN REPUBLIK

1. Deklaration der Regierungen der Deutschen Demokratischen Republik und der Tschechoslowakischen Republik betreffend die Umsiedlung und Fragen der Gebiets- und Grenzansprüche (Prager Deklaration) vom 23. Juni 1950*

Die Regierung der Tschechoslowakischen Republik und die Provisorische Regierung der Deutschen Demokratischen Republik erklären übereinstimmend, daß sie das gemeinsame, grundlegende Ziel der Erhaltung und Sicherung des Friedens verfolgen. Dieses gemeinsame Ziel verwirklichen sie in beiden Ländern durch ihre Politik des erfolgreichen Aufbaus, die sich auf die demokratischen und patriotischen Kräfte stützt und die Zusammenarbeit aller friedens- und freiheitliebenden Völker fördert, um das Lager des Friedens mit der Union der Sozialistischen Sowjetrepubliken an der Spitze im Kampf gegen die Kräfte des Imperialismus und des Krieges zu stärken. In der Tschechoslowakischen Republik hat das Volk endgültig gesiegt, die volksdemokratische Ordnung wurde gefestigt, und das Land hat erfolgreich den Weg zum Sozialismus beschritten.

In der Deutschen Demokratischen Republik festigt sich die neue antifaschistisch-demokratische Ordnung. Die Nationale Front im demokratischen Deutschland entwickelt ihren Kampf für die Schaffung eines einheitlichen, demokratischen und friedliebenden Deutschlands.

Die Regierung der Tschechoslowakischen Republik und die Provisorische Regierung der Deutschen Demokratischen Republik sind überzeugt, daß ihre gemeinsame Verpflichtung, den Frieden zu erhalten und zu sichern, dadurch erleichtert und

* Abdruck nach Dokumente des geteilten Deutschland (hrsg. von I. von Münch), Kröner-Verlag, 1968, S. 510 f.

gleichzeitig gefestigt wird, daß es zwischen ihren beiden Staaten keine strittigen und offenen Fragen gibt. Unsere beiden Staaten haben keine Gebiets- oder Grenzansprüche, und ihre Regierungen betonten ausdrücklich, daß die durchgeführte Umsiedlung der Deutschen aus der Tschechoslowakischen Republik unabänderlich, gerecht und endgültig gelöst ist.

Diese Erklärung steht in voller Übereinstimmung mit der Politik, die die DDR von Anbeginn durchgeführt und die den Umsiedlern volle Möglichkeit und Unterstützung geboten hat, sich in den Aufbau einzuschalten und in der Deutschen Demokratischen Republik eine neue Heimat zu finden.

Von der Überzeugung geleitet, daß die gegenseitige Unterstützung ihres friedlichen Aufbaus im Interesse beider Völker und aller an der Erhaltung und Sicherheit des Friedens interessierten Staaten liegt, ist die Regierung der Tschechoslowakischen Republik und die Provisorische Regierung der Deutschen Demokratischen Republik bestrebt, die Freundschaftsbande zwischen ihren Völkern und Staaten zu festigen.

Beide Regierungen sind sich bewußt, daß der Kampf des deutschen Volkes um die Schaffung eines einheitlichen demokratischen und friedliebenden Deutschland ebenso wie die Politik beider Staaten, das Lager des Weltfriedens unter der Führung des mächtigsten Bollwerks des Friedens, der Union der Sozialistischen Sowjetrepubliken, zu stärken, der Erhaltung und Sicherung des Friedens in Europa und der ganzen Welt dient.

Die Regierung der Tschechoslowakischen Republik und die Provisorische Regierung der Deutschen Demokratischen Republik erklären, daß sie alle ihre Kräfte einsetzen werden, um die Pläne der imperialistischen Kriegsbrandstifter zu vereiteln und den Frieden zu festigen.

Prag, am 23. Juni 1950
Für die Regierung der CSR
Antonin Zopotocky

Für die provisorische Regierung
der DDR
Walter Ulbricht

2. Konsularvertrag zwischen der Deutschen Demokratischen Republik und der Tschechoslowakischen Republik

vom 24. Mai 1957*

Der Präsident der Deutschen Demokratischen Republik und der Präsident der Tschechoslowakischen Republik haben, von dem Wunsch geleitet, auch auf konsularischem Gebiet die Beziehungen zwischen beiden Staaten zu vertiefen, beschlossen, den folgenden Vertrag abzuschließen.

Zu diesem Zweck haben sie zu ihren Bevollmächtigten ernannt:

Der Präsident der Deutschen Demokratischen Republik:
den Stellvertreter des Vorsitzenden des Ministerrates und Minister für Auswärtige Angelegenheiten,
Dr. *Lothar Bolz*,

der Präsident der Tschechoslowakischen Republik:
den Minister für Auswärtige Angelegenheiten,
Václav David,

die nach Austausch ihrer in guter und gehöriger Form befundenen Vollmachten folgendes festgelegt haben:

I. Entsendung von Konsuln

Artikel 1

Die vertragsschließenden Partner verpflichten sich, daß sie auf ihren Staatsgebiet gegenseitig, die Einrichtung von Generalkonsulaten, Konsulaten, Vizekonsulaten und Konsularagenturen (im weiteren „Konsulate" genannt) und die Entsendung von Generalkonsuln, Konsuln und Vizekonsuln und Konsularagenten (im weiteren „Konsuln" genannt) zulassen werden. Vor Ernennung der Konsuln durch den Entsendestaat ist das Einverständnis des Empfangsstaates hinsichtlich der Personen der Konsuln und ihrer Konsularbezirke einzuholen.

* Abdruck nach Gesetzblatt der DDR 1957 I, S. 444 ff. Der Vertrag ist am 18. Februar 1958 in Kraft getreten (Gesetzblatt der DDR 1958 I, S. 221).

Artikel 2

(1) Die Konsuln nehmen ihre Tätigkeit nach Ernennung durch den Entsendestaat und nach Erteilung des Exequaturs durch den Empfangsstaat auf. In der Ernennungsurkunde muß ihr Konsularbezirk bezeichnet sein.

(2) Die Organe des Empfangsstaates werden den Konsuln und ihren konsularischen Mitarbeitern jede erforderliche Unterstützung bei der Ausübung ihrer Tätigkeit gewähren.

Artikel 3

(1) Die Tätigkeit der Konsuln endet durch Abberufung, durch Widerruf des Exequaturs oder durch Todesfall.

(2) Bei Todesfall, Abberufung, vorübergehender Abwesenheit oder anderweitiger Verhinderung der Tätigkeit eines Konsuls ist sein Stellvertreter befugt, die Amtsbefugnisse des Konsuls wahrzunehmen, vorausgesetzt, daß seine amtliche Eigenschaft vorher dem zuständigen Organ des Empfangsstaates zur Kenntnis gebracht worden ist. Der mit der vorübergehenden Leitung des Konsulats beauftragte Stellvertreter wird alle Rechte, Vorrechte und Befreiungen genießen, die der vorliegende Vertrag dem Konsul gewährt.

Artikel 4

Die Sitze der Konsuln, die Zahl ihrer Angestellten und die Konsularbezirke werden durch eine Vereinbarung der vertragsschließenden Partner festgelegt.

II. Rechte, Vorrechte und Befreiungen der Konsuln

Artikel 5

(1) Der Empfangsstaat garantiert den Konsuln und ihren konsularischen Mitarbeitern einen reibungslosen Verlauf ihrer Amtstätigkeit.

(2) Die Amtsräume der Konsulate sind unverletzlich. In den Amtsräumen sowie in den Wohnungen der Konsuln werden die Organe des Empfangsstaates ohne Zustimmung der Konsuln keinerlei Zwangsmaßnahmen vornehmen.

(3) Die Konsulararchive sind in jedem Falle unantastbar. Privatpapiere dürfen im Konsulararchiv nicht enthalten sein.

(4) Der amtliche Schriftwechsel ist unverletzlich und keiner Zensur unterworfen. Das gleiche gilt für Telegramme, Telefongespräche und Fernschreiben.

(5) Die Konsuln haben beim Schriftwechsel mit den Organen des Entsendestaates das Chiffrerecht und können für die Übermittlung den diplomatischen Kurierweg benutzen.

Artikel 6

Den Konsuln wird gestattet, das Wappen des Entsendestaates und eine ihr Amt bezeichnende Inschrift am Amtsgebäude anzubringen. Sie dürfen die Flagge ihres Entsendestaates auf dem Amtsgebäude und auf ihrem Wohnhaus aufziehen und an den von ihnen dienstlich benutzten Fahrzeugen anbringen.

Artikel 7

Die Konsuln und ihre konsularischen Mitarbeiter unterliegen, soweit es sich um ihre dienstliche Tätigkeit handelt, nicht der Rechtsprechung des Empfangsstaates.

Artikel 8

Die Konsuln und ihre konsularischen Mitarbeiter sind verpflichtet, über alle Angelegenheiten, die nicht Gegenstand der dienstlichen Tätigkeit sind, vor den zuständigen Organen des Empfangsstaates Zeugnis abzulegen. Sind sie am Erscheinen verhindert, so werden sie in ihrer Wohnung vernommen oder haben ihre Aussage in schriftlicher Form zu machen.

Artikel 9

(1) Die Konsuln und alle ihre Mitarbeiter, die Staatsangehörige des Entsendestaates sind, sind auf der Grundlage der Gegenseitigkeit von allen verwaltungsrechtlichen Verpflichtungen zu persönlichen und sachlichen Dienstleistungen sowie von direkten Steuern befreit.

(2) Grundstücke und Gebäude sind auf der Grundlage der Gegenseitigkeit von allen verwaltungsrechtlichen Verpflichtungen zu sachlichen Dienstleistungen nur dann befreit, wenn sie

von den Konsuln und ihren konsularischen Mitarbeitern als Amts- oder Wohnräume benutzt werden.

(3) Zollbefreiungen werden den Konsuln und ihren konsularischen Mitarbeitern im Rahmen des vereinbarten Jahreslimits für die Einfuhr von Gegenständen des persönlichen und dienstlichen Bedarfs gewährt.

Artikel 10

Die Bestimmungen der Artikel 5 bis 9 finden auf die mit den Konsuln zusammenlebenden Ehegatten und ihre minderjährigen Kinder entsprechende Anwendung.

III. Amtsbefugnisse der Konsuln

Artikel 11

(1) Die Konsuln nehmen die Rechte und Interessen des Entsendestaates sowie seiner Staatsangehörigen (Bürger und juristische Personen) im Einklang mit dem Völkerrecht und den internationalen Gepflogenheiten wahr.

(2) Die Konsuln können sich in Ausübung ihrer Amtsbefugnisse an die staatlichen Organe in ihrem Konsularbezirk wenden; sie können bei diesen wegen Verletzung der Rechte und Interessen des Entsendestaates sowie seiner Staatsangehörigen (Bürger und juristische Personen) Einspruch erheben.

Artikel 12

Den Konsuln wird das Recht zuerkannt, die Staatsangehörigen des Entsendestaates, die sich ständig oder vorübergehend in ihrem Konsularbezirk aufhalten, zu registrieren. Die Vorschriften der vertragschließenden Partner über die Meldepflicht bleiben unberührt.

Artikel 13

(1) Die Konsuln sind befugt, den Staatsangehörigen des Entsendestaates Pässe auszustellen.

(2) Die Konsuln erteilen eigenen und fremden Staatsangehörigen sowie Staatenlosen die erforderlichen Visa zum Betreten oder Verlassen des Entsendestaates.

Artikel 14

Die Konsuln nehmen Anträge auf Verleihung der Staatsangehörigkeit des Entsendestaates entgegen.

Artikel 15

Die Konsuln haben das Recht, in den Konsulaten, in ihren Wohnungen oder in den Wohnungen der Staatsangehörigen des Entsendestaates sowie an Bord der die Flagge oder das Hoheitszeichen dieses Staates führenden Schiffe oder Flugzeuge folgende Handlungen vorzunehmen:

1. Erklärungen von Staatsangehörigen des Entsendestaates aufzunehmen oder zu beglaubigen;

2. letztwillige Verfügungen oder einseitige Erklärungen der Staatsangehörigen des Entsendestaates aufzunehmen, zu beglaubigen und zu verwahren sowie deren Schriftstücke in Verwahrung zu nehmen;

3. Urkunden über Rechtsgeschäfte zwischen Staatsangehörigen des Entsendestaates aufzunehmen oder zu beglaubigen, soweit diese Rechtsgeschäfte den Gesetzen des Empfangsstaates nicht widersprechen. Urkunden über Rechtsgeschäfte über die Begründung oder Veräußerung von Rechten an im Empfangsstaat gelegenen Gebäuden und Grundstücken kann der Konsul nicht aufnehmen oder beglaubigen;

4. Urkunden über Rechtsgeschäfte zwischen Staatsangehörigen des Entsendestaates und solchen des Empfangsstaates aufzunehmen oder zu beglaubigen, wenn diese Rechtsgeschäfte ausschließlich Interessen auf dem Gebiet des Entsendestaates oder Angelegenheiten betreffen, die auf dem Gebiet dieses Staates erfüllt werden müssen, und diese Rechtsgeschäfte den Gesetzen des Entsendestaates und des Empfangsstaates nicht widersprechen;

5. Unterschriften von Staatsangehörigen des Entsendestaates auf jeder Art von Schriftstücken zu beglaubigen; Schriftstücke, die von den Organen oder Amtspersonen des Entsendestaates oder des Empfangsstaates sowie von Privatpersonen ausgehen, zu legalisieren sowie in Abschriften dieser Schriftstücke zu beglaubigen;

6. Übersetzungen von Schriftstücken, die von Organen und Amtspersonen des Entsendestaates oder des Empfangsstaates sowie von Privatpersonen ausgehen, zu beglaubigen;

7. Geld und Wertgegenstände von Staatsangehörigen des Entsendestaates in Verwahrung zu nehmen; die entsprechenden Rechtsvorschriften des Empfangsstaates bleiben unberührt;

8. andere Handlungen, die ihnen von dem Entsendestaat übertragen werden, soweit sie nicht im Widerspruch zu den Gesetzen des Empfangsstaates stehen.

Artikel 16

Die Konsuln können Vormünder und Pfleger für Staatsangehörige des Entsendestaates bestellen und in diesen Fällen ihre Tätigkeit beaufsichtigen. Gelangt den Konsuln zur Kenntnis, daß das Vermögen eines Staatsangehörigen des Entsendestaates ohne Verwaltung ist, so können sie dafür einen Vermögenspfleger einsetzen.

Artikel 17

Für die Tätigkeit der Konsuln in Nachlaßangelegenheiten von Staatsangehörigen des Entsendestaates gelten die Bestimmungen des Vertrages zwischen der Deutschen Demokratischen Republik und der Tschechoslowakischen Republik über den Rechtsverkehr in Zivil-, Familien- und Strafsachen, vom 11. September 1956.

Artikel 18

(1) Die Konsuln und die dazu ermächtigten konsularischen Mitarbeiter können entsprechend dem Recht des Entsendestaates Eheschließungen vornehmen, wenn beide Eheschließenden Staatsangehörige des Entsendestaates sind.

(2) Das zuständige Organ des Empfangsstaates ist durch den Konsul über die Eheschließung zu unterrichten.

Artikel 19

(1) Die Konsuln haben das Recht, entsprechend den Vorschriften des Entsendestaates Geburten und Todesfälle von Staatsangehörigen des Entsendestaates zu beurkunden.

(2) Das zuständige Organ des Empfangsstaates ist über Geburten und Todesfälle durch den Konsul zu unterrichten.

Artikel 20

(1) Die Konsuln sind befugt, den Schiffen des Entsendestaates jedmöglichen Beistand zu leisten. Insbesondere können sie sich mit der Schiffsbesatzung und den Fahrgästen in Verbindung setzen, die Schiffspapiere überprüfen, Protokolle über die Ladung und den Zweck der Reise und über besondere Zwischenfälle aufnehmen.

(2) Beabsichtigen die Organe des Empfangsstaates die Durchführung von Zwangsmaßnahmen auf Handelsschiffen des Entsendestaates, so muß der Konsul vorher darüber benachrichtigt werden. Er kann bei diesen Maßnahmen anwesend sein. Das gilt nicht für Zoll-, Paß- und Gesundheitskontrollen des Schiffes, der Besatzungsmitglieder und der Fahrgäste.

(3) Bei Katastrophen oder Havarien der Schiffe des Entsendestaates sind die Konsuln befugt, Maßnahmen zur Hilfeleistung für die geschädigten Besatzungsmitglieder und Fahrgäste des Schiffes, zur Sicherstellung der Frachten und zur Reparatur des Schiffes zu ergreifen oder darum zu ersuchen.

(4) Bestimmungen über gegenseitige Hilfeleistungen bei Schiffskatastrophen oder Havarien in anderen Übereinkommen bleiben von diesem Artikel unberührt.

Artikel 21

(1) Die Konsuln sind befugt, den Flugzeugen des Entsendestaates jedmöglichen Beistand zu leisten. Insbesondere können sie im Falle einer Notlandung die Besatzungsmitglieder und Fahrgäste beim Verkehr mit den zuständigen Organen unterstützen und geeignete Maßnahmen zur Fortsetzung der Reise ergreifen.

(2) Bei Katastrophen oder Unfällen der Flugzeuge des Entsendestaates sind die Konsuln befugt, Maßnahmen zur Hilfeleistung für die geschädigten Besatzungsmitglieder und Fahrgäste des Flugzeuges, zur Sicherstellung der Frachten und zur Reparatur des Flugzeuges zu ergreifen oder darum zu ersuchen.

(3) Bestimmungen über gegenseitige Hilfeleistungen bei Flugzeugkatastrophen oder Unfällen in anderen Übereinkommen bleiben von diesem Artikel unberührt.

IV. Schlußbestimmungen

Artikel 22

Die Bestimmungen dieses Vertrages über die Amtsbefugnisse der Konsuln finden auf die Mitarbeiter der diplomatischen Vertretungen, die mit der Ausübung konsularischer Tätigkeit beauftragt worden sind, entsprechende Anwendung.

Der direkte Verkehr mit den Organen des Empfangsstaates wird durch gegenseitige Übereinkommen von den Ministerien für Auswärtige Angelegenheiten der vertragsschließenden Partner geregelt.

Artikel 23

Der vorliegende Vertrag wird für die Dauer von fünf Jahren abgeschlossen. Wenn nicht einer der Vertragspartner 6 Monate vor Ablauf der Frist den Wunsch äußert, den Vertrag zu kündigen, bleibt der Vertrag jeweils für weitere 5 Jahre in Kraft.

Artikel 24

Der vorliegende Vertrag bedarf der Ratifizierung. Er tritt am Tage des in Prag erfolgenden Austausches der Ratifikationsurkunden in Kraft.

Ausgefertigt in Berlin, am 24. Mai 1957 in zwei Originalen, jedes in deutscher und in tschechischer Sprache, wobei beide Texte gleichermaßen gültig sind.

In Vollmacht
des Präsidenten der Deutschen Demokratischen Republik
Dr. *Lothar Bolz*

In Vollmacht
des Präsidenten der Tschechoslowakischen Republik
V. David

3. Vertrag über Handel und Schiffahrt zwischen der Deutschen Demokratischen Republik und der Tschechoslowakischen Republik

vom 25. November 1959*

Der Präsident der Deutschen Demokratischen Republik und der Präsident der Tschechoslowakischen Republik

Haben,

geleitet von dem Wunsche, die wirtschaftlichen Beziehungen zwischen den beiden befreundeten Staaten weiter zu entwickeln und zu festigen und in einem Vertrag die Grundbedingungen, die diese Beziehungen regeln, festzulegen,

Beschlossen,

diesen Vertrag über Handel und Schiffahrt abzuschließen.

Zu diesem Zweck haben sie zu ihren Bevollmächtigten ernannt:

der Präsident der Deutschen Demokratischen Republik den Stellvertreter des Vorsitzenden des Ministerrates und Minister für Außenhandel und Innerdeutschen Handel, *Heinrich Rau.*

der Präsident der Tschechoslowakischen Republik den Stellvertreter des Vorsitzenden der Regierung und Vorsitzenden der Staatlichen Plankommission, Ing. *Otakar Šimunek,*

die nach Austausch ihrer in guter und gehöriger Form befundenen Vollmachten folgendes vereinbart haben:

Artikel 1

Die Vertragspartner werden auch weiterhin alle notwendigen Maßnahmen zur Entwicklung und Festigung der Handelsbeziehungen zwischen beiden Staaten im Geiste freundschaftlicher Zusammenarbeit und gegenseitiger Hilfe auf der Grundlage der Gleichberechtigung und des gegenseitigen Vorteils ergreifen.

Zu diesem Zweck werden die Regierungen der Vertragspartner Vereinbarungen treffen, darunter auch langfristige, die die gegenseitigen Warenlieferungen und andere Bedingungen be-

* Abdruck nach Gesetzblatt der DDR 1960 I, S. 259 ff. Der Vertrag ist am 15. Juni 1960 in Kraft getreten (Gesetzblatt der DDR 1960 I, S. 437).

stimmen, die die Entwicklung des Warenverkehrs in Übereinstimmung mit den Bedürfnissen der Volkswirtschaft beider Staaten gewährleisten.

Artikel 2

Die Vertragspartner gewähren sich gegenseitig die unbedingte Meistbegünstigung in allen Angelegenheiten, die den Handel, die Seeschiffahrt sowie alle sonstigen Wirtschaftsbeziehungen zwischen beiden Staaten betreffen.

Artikel 3

In Übereinstimmung mit Artikel 2 gewähren sich die Vertragspartner gegenseitig die Meistbegünstigung in allen Zollangelegenheiten, insbesondere hinsichtlich der Zölle, Steuern oder sonstigen Abgaben, der Lagerung der Waren unter Zollkontrolle, der Vorschriften und Förmlichkeiten, die für die Zollabfertigung der Waren maßgebend sind.

Artikel 4

In Übereinstimmung mit Artikel 2 unterliegen die Boden- und Gewerbeerzeugnisse, die aus dem Gebiet des einen Vertragspartners in das Gebiet des anderen Vertragspartners eingeführt werden, keinen anderen oder höheren Zöllen, Steuern oder sonstigen Abgaben oder anderen Vorschriften oder beschwerlicheren Förmlichkeiten als denjenigen, denen gleichartige Boden- und Gewerbeerzeugnisse irgendeines dritten Staates unterliegen.

Ebenso werden die Boden- und Gewerbeerzeugnisse des einen Vertragspartners bei der Ausfuhr nach dem Gebiet des anderen Vertragspartners keinen anderen oder höheren Zöllen, Steuern oder sonstigen Abgaben oder anderen Vorschriften oder beschwerlicheren Förmlichkeiten unterworfen als denjenigen, denen gleichartige Boden- und Gewerbeerzeugnisse bei der Ausfuhr nach dem Gebiet irgendeines dritten Staates unterworfen sind.

Artikel 5

Die Boden- und Gewerbeerzeugnisse des einen Vertragspartners, die durch das Gebiet eines dritten Staates oder dritter

Staaten in das Gebiet des anderen Vertragspartners eingeführt werden, unterliegen bei ihrer Einfuhr keinen anderen oder höheren Zöllen, Steuern oder sonstigen Abgaben oder anderen Vorschriften oder beschwerlicheren Förmlichkeiten als denjenigen, denen sie unterworfen sein würden, wenn sie unmittelbar aus dem Ursprungsland eingeführt worden wären.

Diese Bestimmung findet auch auf Boden- und Gewerbeerzeugnisse Anwendung, die während der Durchfuhr durch das Gebiet eines dritten Staates oder dritter Staaten einer Umladung, Umpackung oder Lagerung unterzogen wurden.

Artikel 6

Der Zollberechnung für die aus dem Gebiet des einen Vertragspartners in das Gebiet des anderen Vertragspartners eingeführten Boden- und Gewerbeerzeugnisse wird grundsätzlich der in der Rechnung angeführte Preis zugrunde gelegt.

Artikel 7

Unter der Bedingung der Wiederausfuhr bzw. Wiedereinfuhr innerhalb der von der Zollverwaltung festgesetzten Frist und unter der Bedingung des Nachweises der Nämlichkeit werden bei der Ein- und Ausfuhr insbesondere folgende Gegenstände von Zöllen, Steuern oder sonstigen Abgaben befreit:

a) Gegenstände, die für Messen, Ausstellungen, Wettbewerbe oder Ausschreibungen bestimmt sind;

b) Gegenstände, die für die Durchführung von Versuchen oder Prüfungen bestimmt sind;

c) Gegenstände, die zwecks Reparatur eingeführt und im reparierten Zustand wieder ausgeführt werden;

d) Boden- und Gewerbeerzeugnisse, die zur Verarbeitung oder Veredelung eingeführt und im verarbeiteten bzw. veredelten Zustand wieder ausgeführt werden;

e) Montagewerkzeuge und -instrumente, die von Monteuren ein- bzw. ausgeführt werden oder die ihnen voraus- bzw. nachgesandt werden;

f) markierte Behältnisse, die zum Zweck der Füllung eingeführt werden, sowie Behältnisse, in denen Einfuhrgegenstände enthalten sind und die nach Ablauf der festgesetzten Frist wieder ausgeführt werden.

Warenmuster, die nur als solche verwendet und in handelsüblichen Mengen in das Gebiet des anderen Vertragspartners ausgeführt werden, sowie Kataloge, Preislisten, Prospekte und Werbematerial, einschließlich Werbefilme, sind auf dem Gebiet des anderen Vertragspartners sowohl bei der Ein- als auch bei der Wiederausfuhr von Zöllen, Steuern oder sonstigen Abgaben ohne weiteres befreit.

Artikel 8

In Übereinstimmung mit Artikel 2 belasten die Inlandsabgaben, die im Gebiet des einen Vertragspartners auf der Erzeugung, der Bearbeitung, dem Umlauf oder dem Verbrauch irgendeines Boden- und Gewerbeerzeugnisses ruhen, unabhängig davon, zu wessen Gunsten und in wessen Namen sie erhoben werden, die Boden- und Gewerbeerzeugnisse des anderen Vertragspartners keinesfalls stärker als die gleichartigen Erzeugnisse irgendeines dritten Staates.

Artikel 9

Keiner der Vertragspartner wendet bezüglich der Einfuhr aus dem Gebiet des anderen Vertragspartners oder bezüglich der Ausfuhr in das Gebiet des anderen Vertragspartners irgendwelche Beschränkungen oder Verbote an, soweit solche nicht gegenüber jedem dritten Staat angewandt werden.

Die Vertragspartner behalten sich jedoch das Recht vor, aus Gründen der Sicherheit des Staates, der Aufrechterhaltung der gesellschaftlichen Ordnung, des Gesundheitsschutzes, des Tier- und Pflanzenschutzes, der Erhaltung von Kunstwerken oder archäologischer und historischer Werte Ein- oder Ausfuhrverbote oder -beschränkungen zu erlassen, soweit solche Verbote oder Beschränkungen unter gleichartigen Umständen auch gegenüber jedem dritten Staat angewandt werden.

Artikel 10

Die Boden- und Gewerbeerzeugnisse des einen Vertragspartners werden bei ihrer Durchfuhr durch das Gebiet des anderen

Vertragspartners aus bzw. nach dem Gebiet eines dritten Staates nicht mit Zöllen, Steuern oder anderen Abgaben belegt.

Hinsichtlich der Transitvorschriften und -förmlichkeiten für die angeführten Erzeugnisse werden keine geringeren Vergünstigungen gewährt als bei den Transitladungen irgendeines dritten Staates.

Artikel 11

Den tschechoslowakischen Seehandelsschiffen und ihren Ladungen wird beim Ein- und Auslaufen sowie während ihres Aufenthaltes in den Häfen der Deutschen Demokratischen Republik die Meistbegünstigung gewährt. Die Meistbegünstigung findet insbesondere Anwendung hinsichtlich:

a) der Abgaben und Gebühren jeder Art, die im Namen oder für Rechnung des Staates, der Behörden oder anderer Organisationen erhoben werden;

b) des Anlegens, der Beladung und Löschung der Schiffe in den Häfen und auf den Reeden;

c) der Inanspruchnahme von Lotsendiensten, Kanälen, Schleusen, Brücken, Signalen und Beleuchtungen des Fahrwassers;

d) der Benutzung von Kränen, Waagen, Lagern, Werften, Trockendocks und Reparaturwerkstätten;

e) der Versorgung mit Brenn- oder Kraftstoffen, Schmiermitteln, Wasser und Proviant;

f) der Anwendung aller Vorschriften einschließlich der Bestimmungen über Gesundheitsschutz und Quarantäne.

Die Bestimmungen dieses Artikels erstrecken sich nicht auf die Ausübung der Hafendienste einschließlich der Lotsenbegleitung sowie des organisierten Rettungs- und Hilfsdienstes, des Bugsierdienstes und auf die Ausübung der Küstenschiffahrt (Kabotage). Als Kabotage gilt jedoch nicht die Fahrt der tschechoslowakischen Seehandelsschiffe aus einem Hafen der Deutschen Demokratischen Republik in einen ihrer anderen Häfen, um dort eine aus einem dritten Staat herbeigebrachte Ladung zu löschen oder um eine Ladung an Bord zu nehmen, deren Bestimmungsort in einem dritten Staat liegt.

Artikel 12

Wenn ein tschechoslowakisches Schiff an der Küste der Deutschen Demokratischen Republik Schiffbruch erleidet oder in Seenot gerät, so genießen Schiff und Ladung dieselben Vergünstigungen und Rechte, welche die Gesetzgebung der Deutschen Demokratischen Republik den eigenen Schiffen in gleicher Lage gewährt. Dem Kapitän, der Besatzung und den Passagieren sowie dem Schiff und seiner Ladung werden jederzeit die notwendige Hilfe und Unterstützung in dem Maße zuteil, in dem sie den eigenen Schiffen in gleicher Lage gewährt werden.

Artikel 13

Die Nationalität der tschechoslowakischen Schiffe wird von den Behörden der Deutschen Demokratischen Republik anerkannt auf Grund der an Bord befindlichen Urkunden, die von den zuständigen tschechoslowakischen Behörden entsprechend den Gesetzen und Bestimmungen der Tschechoslowakischen Republik ausgestellt worden sind.

Die an Bord des Schiffes befindlichen Schiffsmeßbriefe und sonstigen Schiffspapiere, die von den zuständigen tschechoslowakischen Behörden ausgestellt worden sind, werden von den Behörden der Deutschen Demokratischen Republik anerkannt. In Übereinstimmung hiermit werden die tschechoslowakischen Schiffe, die mit rechtmäßig ausgestellten Schiffsmeßbriefen versehen sind, in den Häfen der Deutschen Demokratischen Republik von einer nochmaligen Ausmessung befreit, und das reine Volumen des Schiffes, das in dem Brief angegeben ist, wird der Berechnung der Hafengebühren zugrunde gelegt.

Artikel 14

Die Organisationen beider Vertragspartner, deren Tätigkeit die Seeschiffahrt betrifft, können im Gebiet des anderen Vertragspartners Vertretungen unterhalten. Diese genießen dieselben Rechte und Vergünstigungen, die den gleichartigen Vertretungen der Organisationen irgendeines dritten Staates gewährt werden.

Artikel 15

Bei der Beförderung von Waren, Passagieren und Gepäck auf inländischen Land- und Wasserwegen sowie auf der Eisenbahn gewähren sich die Vertragspartner gegenseitig die Meistbegünstigung bezüglich aller Fragen, die die Übernahme der Ladung zur Beförderung, die Art und Weise und die Kosten der Beförderung sowie die Abgaben, die mit der Beförderung zusammenhängen, betreffen.

Artikel 16

Juristische Personen, die ihren Sitz im Gebiet des einen Vertragspartners haben und nach dessen Gesetzen zu Recht bestehen, werden auch im Gebiet des anderen Vertragspartners als zu Recht bestehend anerkannt. Ihre Zulassung zur geschäftlichen Tätigkeit im Gebiet des anderen Vertragspartners erfolgt in Übereinstimmung mit dessen Gesetzgebung.

Artikel 17

Juristische Personen des einen Vertragspartners genießen im Gebiet des anderen Vertragspartners im Rahmen der Bestimmungen dieses Vertrages dieselben Rechte und Vergünstigungen, die den juristischen Personen irgendeines dritten Staaates zuerkannt werden, soweit sich aus anderen Vereinbarungen nichts anderes ergibt.

Artikel 18

Die Bestimmungen dieses Vertrages erstrecken sich nicht auf Rechte und Vergünstigungen, die jeder der Vertragspartner im Interesse der Erleichterung des Grenzverkehrs mit anderen benachbarten Staaten bereits gewährt hat oder noch gewähren wird.

Artikel 19

Dieser Vertrag wird sobald wie möglich ratifiziert werden und tritt am Tage des Austausches der Ratifikationsurkunden, der in Prag stattfindet, in Kraft.

Der Vertrag bleibt in Kraft bis zum Ablauf einer sechsmonatigen Frist, gerechnet von dem Tage an, an dem einer der

Vertragspartner schriftlich seine Absicht bekanntgibt, die Gültigkeitsdauer zu beenden.

Ausgefertigt in Berlin am 25. November 1959, in zwei Exemplaren, jedes in deutscher und tschechischer Sprache, wobei beide Texte gleichermaßen gültig sind.

Zu Urkund dessen haben die Bevollmächtigten beider Vertragspartner diesen Vertrag unterzeichnet und gesiegelt.

Für die
Deutsche Demokratische Republik
Rau

Für die
Tschechoslowakische Republik
Ing. Simůnek

4. Vertrag über Freundschaft, Zusammenarbeit und gegenseitigen Beistand zwischen der Deutschen Demokratischen Republik und der Tschechoslowakischen Sozialistischen Republik

vom 17. März 1967*

Die Deutsche Demokratische Republik und die Tschechoslowakische Sozialistische Republik

haben,

in Bekräftigung der in der Deklaration der Provisorischen Regierung der Deutschen Demokratischen Republik und der Regierung der Tschechoslowakischen Republik vom 23. Juni 1950 niedergelegten Ziele und Grundsätze,

feststellend, daß nach Überwindung der vom deutschen Militarismus und Nazismus geschürten Feindschaft zwischen den

* Abdruck nach Gesetzblatt der DDR 1967 I, S. 54 ff. Der Vertrag ist am 26. Juni 1967 in Kraft getreten (Gesetzblatt der DDR 1967 I, S. 110).

Völkern beider Staaten eine dauerhafte Freundschaft entstanden ist,

geleitet von dem Bestreben, die gutnachbarlichen Beziehungen und die allseitige Zusammenarbeit zwischen beiden Staaten auf der Grundlage der Prinzipien des sozialistischen Internationalismus weiter zu festigen und zur Stärkung der Einheit der sozialistischen Gemeinschaft beizutragen,

in der Überzeugung, daß die Freundschaft zwischen der Deutschen Demokratischen Republik, die die Grundsätze des Potsdamer Abkommens verwirklicht hat, und der Tschechoslowakischen Sozialistischen Republik sowie die Politik beider Staaten zur Sicherung des Friedens und zur Schaffung eines wirksamen Systems der kollektiven Sicherheit in Europa beitragen,

in der festen Entschlossenheit, der Gefährdung des Friedens und der internationalen Sicherheit von seiten der Kräfte des westdeutschen Militarismus und Revanchismus wirksam entgegenzutreten und — gestützt auf den Warschauer Vertrag über Freundschaft, Zusammenarbeit und gegenseitigen Beistand vom 14. Mai 1955 — die Sicherheit beider Staaten und die Unantastbarkeit ihrer Grenzen vor jedem Angriff zu gewährleisten,

feststellend, daß die Überwindung des Militarismus und Neonazismus die Voraussetzung für die friedliche Regelung der deutschen Frage ist und bekräftigend, daß die künftige Herbeiführung eines einheitlichen friedliebenden und demokratischen deutschen Staates nur auf dem Wege der Normalisierung der Beziehungen zwischen beiden deutschen Staaten im Ergebnis von Vereinbarungen zwischen der Deutschen Demokratischen Republik und der Bundesrepublik Deutschland sowie unter Bedingungen möglich ist, die die Sicherheit ihrer Nachbarstaaten gewährleisten,

geleitet von den Zielen und Prinzipien der Charta der Organisation der Vereinten Nationen,

beschlossen,

den vorliegenden Vertrag abzuschließen und zu diesem Zweck folgendes vereinbart:

Artikel 1

Die hohen vertragschließenden Seiten werden in Übereinstimmung mit den Prinzipien des sozialistischen Internationalismus die Freundschaft vertiefen, die Zusammenarbeit auf allen Gebieten entwickeln und sich auf der Grundlage der Gleichberechtigung der Achtung der Souveränität und der Nichteinmischung in die inneren Angelegenheiten der anderen Seite gegenseitig Hilfe erweisen.

Artikel 2

Die hohen vertragschließenden Seiten werden auf der Grundlage freundschaftlicher Zusammenarbeit und des gegenseitigen Vorteils die wirtschaftlichen und wissenschaftlich-technischen Beziehungen entwickeln und festigen, in Übereinstimmung mit den Prinzipien des Rates für Gegenseitige Wirtschaftshilfe die Koordinierung der Volkswirtschaftspläne und die Kooperation in Forschung, Entwicklung und Produktion verwirklichen und dadurch die weitere Entwicklung und gegenseitige Annäherung der nationalen Wirtschaften beider Staaten sichern.

Artikel 3

Die hohen vertragschließenden Seiten werden ihre Beziehungen auf den Gebieten der Kultur, der Kunst, der Wissenschaft, des Bildungs- und Gesundheitswesens sowie der Presse, des Rundfunks, des Films und des Fernsehens, der Körperkultur und der Touristik entwickeln.

Artikel 4

Die hohen vertragschließenden Seiten werden die allseitige Zusammenarbeit zwischen den gesellschaftlichen Organisationen mit dem Ziel des besseren gegenseitigen Kennenlernens und der weiteren Annäherung der Völker beider Staaten unterstützen.

Artikel 5

Die hohen vertragschließenden Seiten werden weiterhin in Übereinstimmung mit der Charta der Organisation der Vereinten Nationen zur Gewährleistung des Friedens und der Sicherheit in Europa und in der ganzen Welt beitragen. Sie werden die Politik der friedlichen Koexistenz zwischen Staaten mit unterschiedlicher Gesellschaftsordnung fortsetzen und für die Abrüstung sowie für die endgültige Beseitigung des Kolonialismus und Neokolonialismus in allen seinen Erscheinungsformen eintreten.

Artikel 6

Die hohen vertragschließenden Seiten werden sich bei allen wichtigen internationalen Fragen, die die Interessen beider Staaten berühren, beraten.

Artikel 7

Die hohen vertragschließenden Seiten stellen fest, daß das Münchener Abkommen vom 29. September 1938 unter Androhung eines Aggressionskrieges sowie der Anwendung von Gewalt gegenüber der Tschechoslowakei zustande gekommen ist, daß es Bestandteil der verbrecherischen Verschwörung des nazistischen Deutschlands gegen den Frieden und eine grobe Verletzung der bereits damals geltenden elementaren Regeln des Völkerrechts darstellte und daß deshalb dieses Abkommen von Anfang an ungültig war, mit allen sich daraus ergebenden Folgen.

Artikel 8

Die hohen vertragschließenden Seiten betrachten Westberlin als eine besondere politische Einheit.

Artikel 9

Die hohen vertragschließenden Seiten sind der Auffassung, daß die Herbeiführung einer deutschen Friedensregelung auf der Grundlage der Anerkennung der Existenz zweier souveräner deutscher Staaten und die Normalisierung der Beziehungen zwischen ihnen den Erfordernissen der europäischen Sicherheit entsprechen.

Artikel 10

Die hohen vertragschließenden Seiten werden in Übereinstimmung mit dem Warschauer Vertrag über Freundschaft, Zusammenarbeit und gegenseitigen Beistand vom 14. Mai 1955 die Unantastbarkeit der Staatsgrenzen beider Staaten einschließlich der Staatsgrenzen zwischen den beiden deutschen Staaten wirksam verteidigen und alle erforderlichen Maßnahmen treffen, um eine Aggression der Kräfte des westdeutschen Militarismus und Revanchismus, die eine Revision der Ergebnisse des zweiten Weltkrieges anstreben, zu verhindern.

Im Falle eines bewaffneten Angriffs irgendeines Staates oder irgendeiner Staatengruppe auf eine der hohen vertragschließenden Seiten wird ihr die andere vertragschließende Seite in Übereinstimmung mit den Bestimmungen des Warschauer Vertrages über Freundschaft, Zusammenarbeit und gegenseitigen Beistand vom 14. Mai 1955 unverzüglich militärischen und sonstigen Beistand leisten.

Die hohen vertragschließenden Seiten werden dabei nach den entsprechenden Bestimmungen der Charta der Organisation der Vereinten Nationen handeln und dem Sicherheitsrat sofort von den ergriffenen Maßnahmen Mitteilung machen.

Artikel 11

Der vorliegende Vertrag wird auf die Dauer von zwanzig Jahren abgeschlossen. Wenn ihn nicht eine der hohen vertragschließenden Seiten zwölf Monate vor Ablauf dieser Frist kündigt, bleibt der Vertrag weitere zehn Jahre in Kraft.

Im Falle der Herbeiführung eines einheitlichen friedliebenden und demokratischen deutschen Staates wird die weitere Gültigkeit des Vertrages überprüft werden.

Artikel 12

Dieser Vertrag bedarf der Ratifizierung und tritt in Kraft mit dem Austausch der Ratifikationsurkunden, der sobald als möglich in Berlin erfolgt.

Der Vertrag wird gemäß Artikel 102 Absatz 1 der Charta der Organisation der Vereinten Nationen beim Sekretariat der Organisation der Vereinten Nationen registriert.

Ausgefertigt in Prag am 17. März 1967 in zwei Exemplaren, jedes in deutscher und tschechischer Sprache, wobei beide Texte gleichermaßen gültig sind.

Für die Deutsche Demokratische Republik
Republik
W. Ulbricht
Stoph

Für die Tschechoslowakische Sozialistische Republik
A. Novotný
J. Lenárt

5. Vertrag zwischen der Deutschen Demokratischen Republik und der Tschechoslowakischen Sozialistischen Republik über die Zusammenarbeit auf dem Gebiet des Verkehrswesens und über die Grenz-, Zoll- und sonstige Kontrolle beim Grenzübertritt

vom 21. Dezember 1970*

Der Staatsrat der Deutschen Demokratischen Republik und der Präsident der Tschechoslowakischen Sozialistischen Republik.

haben,

geleitet von dem Wunsch, die Zusammenarbeit beider Staaten im Bereich des Verkehrswesens in Übereinstimmung mit den Prinzipien der Zusammenarbeit der Mitgliedsländer des Rates für Gegenseitige Wirtschaftshilfe zu erweitern und zu vertiefen, in dem Bestreben, die Beförderung von Personen und den Transport von Gütern im Wechsel- und Transitverkehr leistungsfähiger und wirtschaftlicher zu gestalten,

* Abdruck nach Gesetzblatt der DDR 1971 I, S. 150 ff. Der Vertrag ist am 5. August 1971 in Kraft getreten (Gesetzblatt der DDR 1971 I, S. 149).

mit dem Ziel, eine engere Zusammenarbeit bei der Gewährung von Dienstleistungen und gegenseitiger Hilfe herbeizuführen, die komplexe Entwicklung und rationelle Ausnutzung der Transportmittel und Verkehrseinrichtungen beider Staaten zu erreichen,

beschlossen,

den vorliegenden Vertrag zu schließen und zu diesem Zwecke zu ihren Bevollmächtigten ernannt:

der Staatsrat der Deutschen Demokratischen Republik

den Minister für Auswärtige Angelegenheiten
Herrn *Otto Winzer*,

der Präsident der Tschechoslowakischen Sozialistischen Republik

den Minister für Auswärtige Angelegenheiten,
Herrn Ing. *Ján Marko*,

die folgendes vereinbart haben:

Abschnitt I

Grundsätze für die Zusammenarbeit auf dem Gebiet des Verkehrswesens

Artikel 1

(1) Die Vertragspartner kommen überein, die Zusammenarbeit auf den Gebieten des Eisenbahnverkehrs, des Kraftverkehrs, der Zivilen Luftfahrt, der Seeschiffahrt, der Binnenschiffahrt sowie hinsichtlich der Seehäfen weiter zu entwickeln und sich dabei gegenseitige Unterstützung zu gewähren.

(2) An dem Verkehr zwischen der Deutschen Demokratischen Republik und der Tschechoslowakischen Sozialistischen Republik sowie an dem Transitverkehr beider Vertragspartner können sich alle für die Personenbeförderung und den Gütertransport auf dem Hoheitsgebiet eines der Vertragspartner zugelassenen Transportmittel beteiligen. Transportmittel, die in einem dritten Staat zugelassen sind und von einem der Vertragspartner benutzt werden, können sich an diesem Verkehr beteiligen, soweit die Rechtsvorschriften des anderen Vertragspartners dies gestatten.

(3) Der Umfang und die Bedingungen des Wechsel- und Transitverkehrs werden durch die zuständigen Organe der Vertragspartner vereinbart.

Artikel 2

(1) Die Vertragspartner werden sich gegenseitig die größtmöglichen Erleichterungen bei der Durchführung des Transitverkehrs von und nach Drittstaaten, einschließlich von und nach den See- und Flußhäfen gewähren und die entsprechenden Voraussetzungen für die Förderung des Transitverkehrs schaffen.

(2) Die Vertragspartner betrachten Westberlin als eine selbständige politische Einheit und werden sich bei der Durchführung des Verkehrs von diesem Grundsatz leiten lassen.

Artikel 3

Die Vertragspartner werden bei der Entwicklung der gegenseitigen Beziehungen auf dem Gebiet des Verkehrswesens vornehmlich

a) die Zusammenarbeit erweitern und vertiefen, besonders durch Spezialisierung und Arbeitsteilung;

b) einen hohen ökonomischen Nutzeffekt durch Benutzung der für beide Staaten effektivsten Transportarten und rationellsten Verkehrswege im Wechsel- und Transitverkehr ermöglichen, wobei sie besondere Aufmerksamkeit der Hauptrichtung der technischen Entwicklung des Verkehrswesens widmen;

c) im Interesse der weiteren Entwicklung des Verkehrs weitgehende Erleichterungen und Vereinfachungen im grenzüberschreitenden Verkehr treffen;

d) den Ausbau der Verkehrseinrichtungen zur Erfüllung der sich aus den Transportplänen ergebenden Aufgaben koordinieren.

Artikel 4

Die Vertragspartner lassen sich gegenseitig bei der Durchführung des Verkehrs einschließlich des Verkehrs von und nach den See- und Flußhäfen von dem Grundsatz der Meistbegünstigung leiten.

Artikel 5

(1) Jeder Vertragspartner behält sich das Recht des Transports von Personen und Gütern vor, wenn der Transport ausschließlich auf seinem Hoheitsgebiet durchgeführt wird.

(2) Jeder Vertragspartner behält sich das Recht des Transports von Personen und Gütern vor, wenn der Transport auf seinem Hoheitsgebiet beginnt, durch das Hoheitsgebiet des anderen Vertragspartners führt und auf seinem eigenen Hoheitsgebiet endet.

(3) Im gegenseitigen Einverständnis können die zuständigen Organe der Vertragspartner den Einsatz von Transportmitteln und anderen Verkehrseinrichtungen des einen Vertragspartners für die Durchführung von Transporten und für damit zusammenhängende Verkehrsleistungen auf dem Hoheitsgebiet des anderen Vertragspartners vereinbaren.

Artikel 6

Die Vertragspartner gewähren sich auf der Basis der Gegenseitigkeit das Recht zur Einrichtung und zum Unterhalt von Vertretungen der einzelnen Verkehrsträger beziehungsweise anderer am Transport beteiligter Institutionen auf dem Hoheitsgebiet des anderen Vertragspartners auf der Grundlage der Rechtsvorschriften des Empfangsstaates.

Abschnitt II

Zusammenarbeit bei der Ausübung der Kontrolle von Personen, Waren und Transportmitteln, die die Staatsgrenze im Eisenbahn-, Straßen- und Binnenschiffsverkehr überschreiten

Artikel 7

(1) Die Grenz- und Zollkontrolle von Personen, Waren und Transportmitteln sowie die Veterinär- und phytosanitäre Kontrolle an der Staatsgrenze zwischen der Deutschen Demokratischen Republik und der Tschechoslowakischen Sozialistischen Republik im Eisenbahnverkehr, im Straßenverkehr und in der Binnenschiffahrt — im weiteren als „Kontrolle“ bezeichnet —

wird von den entsprechenden Organen beider Vertragspartner nach den Festlegungen dieses Vertrages gemeinsam ausgeübt.

(2) Die Kontrolle im Eisenbahnverkehr erfolgt auf den festgelegten Stationen, die sich auf dem Hoheitsgebiet eines Vertragspartners befinden, oder während der Fahrt des Zuges auf den festgelegten Abschnitten von Eisenbahnstrecken auf dem Hoheitsgebiet beider Vertragspartner.

(3) Die Kontrolle im Straßenverkehr erfolgt an festgelegten Stellen auf dem Hoheitsgebiet eines oder beider Vertragspartner.

(4) Die Kontrolle in der Binnenschiffahrt erfolgt an den festgelegten Anlegestellen eines Vertragspartners oder auf den Abschnitten der Wasserwege eines oder beider Vertragspartner.

Artikel 8

(1) Die Organe eines Vertragspartners üben die Kontrolle auf dem Hoheitsgebiet des anderen Vertragspartners entsprechend den Rechtsvorschriften ihres Staates mit den gleichen Rechtsfolgen aus, die bei der Ausübung dieser Tätigkeit auf dem Hoheitsgebiet ihres Staates entstehen.

(2) Jeder Vertragspartner, auf dessen Hoheitsgebiet die Kontrolle durchgeführt wird, gewährleistet den Organen des anderen Vertragspartners freie Ausübung dieser Tätigkeit und den gleichen Rechtsschutz wie den eigenen Organen.

(3) Die Angehörigen der Organe eines Vertragspartners, die sich zur Ausübung der Kontrolle auf dem Hoheitsgebiet des anderen Vertragspartners aufhalten, sind verpflichtet, die Rechtsvorschriften des Vertragspartners einzuhalten, soweit dieser Vertrag nichts anderes regelt.

Artikel 9

(1) Als erste üben die Organe desjenigen Vertragspartners die Kontrolle aus, dessen Hoheitsgebiet die Personen, Waren und Transportmittel verlassen. Die Wirksamkeit der Rechtsvorschriften dieses Vertragspartners, die mit der Ausübung der Kontrolle zusammenhängen, endet mit dem Zeitpunkt, zu dem seine Organe die Kontrolle für beendet erklären, sofern nicht

aus besonderen Gründen eine erneute Kontrolle erforderlich ist.

(2) Die Veterinär- und phytosanitäre Kontrolle kann von den entsprechenden Organen der Vertragspartner gleichzeitig ausgeübt werden.

(3) Wenn die Organe des einen Vertragspartners eingeführte Waren, Zahlungsmittel oder andere Devisenwerte feststellen, die Gegenstand einer den Rechtsvorschriften des anderen Vertragspartners widersprechenden Handlung sind, so benachrichtigen sie die zuständigen Organe des anderen Vertragspartners und ermöglichen ihnen die Durchführung der gesetzlich festgelegten Maßnahmen, sofern nicht nach den Rechtsvorschriften des Vertragspartners, dessen Organe die Waren, Zahlungsmittel oder Devisenwerte festgestellt haben, die Beschlagnahme der Waren, Zahlungsmittel oder Devisenwerte vorgesehen ist.

Artikel 10

(1) Die Organe eines Vertragspartners, die die Kontrolle auf dem Hoheitsgebiet des anderen Vertragspartners ausüben, können auf der Grundlage der Rechtsvorschriften ihres Staates die Reise einer Person, die die Staatsgrenze überschreitet, unterbrechen, diese zurückweisen beziehungsweise zurückführen.

(2) Die Rückweisung beziehungsweise Rückführung eines Bürgers des Staates, auf dessen Hoheitsgebiet die Kontrolle ausgeübt wird, ist nur mit dem Einverständnis seiner Paßkontrollorgane zulässig. Das Einverständnis ist nicht erforderlich, wenn der Bürger nicht berechtigt ist, die Grenze zu überschreiten beziehungsweise eine Gesetzesverletzung begangen hat, für die Freiheitsentzug angedroht ist.

(3) Im Falle der Unterbrechung der Reise, Rückweisung oder Rückführung von Personen, der Beschlagnahme von Gegenständen und Sicherung von Beweismitteln gewähren die Organe des einen Vertragspartners den Organen des anderen Vertragspartners die erforderliche Hilfe.

Artikel 11

Die hinterlegten Waren, Zahlungsmittel oder anderen Devisenwerte und die durch die Organe eines Vertragspartners auf dem Hoheitsgebiet des anderen Vertragspartners sichergestellten oder beschlagnahmten Waren, Zahlungsmittel oder Devisenwerte sowie die durch diese Organe erhobenen Zoll- und anderen Gebühren können aus diesem Hoheitsgebiet ohne Genehmigung und Beschränkung sowie ohne Zollgebühren und Zollkontrolle ausgeführt werden.

Artikel 12

(1) Der Vertragspartner, auf dessen Hoheitsgebiet die Kontrolle ausgeübt wird, sichert für den Bedarf der Organe des anderen Vertragspartners die Nachrichtenverbindungen zur Staatsgrenze und unterhält sie in betriebsfähigem Zustand. Der Bau und die Unterhaltung der Fernmelde-Endeinrichtungen wird von dem Vertragspartner durchgeführt, von dessen Organen diese Anlagen genutzt werden.

(2) Die Organe des Vertragspartners, die die Kontrolle auf dem Hoheitsgebiet des anderen Vertragspartners ausüben, können auf der Grundlage von Vereinbarungen der zuständigen Organe der Vertragspartner solche Nachrichtenmittel einsetzen, die sie bei der Ausübung ihrer Tätigkeit auf dem Hoheitsgebiet ihres Staates benutzen.

Artikel 13

(1) Die Angehörigen der Organe eines Vertragspartners, die die Kontrolle auf dem Hoheitsgebiet des anderen Vertragspartners ausüben, können Uniform oder Dienstabzeichen tragen. Sie sind weiterhin berechtigt, entsprechend den Bestimmungen ihres Staates Dienstwaffen zu tragen, deren Gebrauch nur im Falle der Notwehr erfolgen darf.

(2) Die Angehörigen der Organe, die die Staatsgrenze zur Ausübung der Kontrolle überschreiten, sind von Zoll- und anderen Gebühren in bezug auf die zur Ausübung dieser Tätigkeit bestimmten Transportmittel und Gegenstände sowie die persönlichen Ge- und Verbrauchsgegenstände befreit. Sie sind weiterhin von Steuern, anderen Gebühren sowie von persönlichen und sachlichen Leistungen befreit. Die Dienstdokumente der Kontrollorgane sind unantastbar.

Artikel 14

Die Angehörigen der Organe eines Vertragspartners, die auf der Grundlage dieses Vertrages die Kontrolle auf dem Hoheitsgebiet des anderen Vertragspartners ausüben, weisen sich beim Überschreiten der Staatsgrenze mit Dokumenten aus, deren Muster zwischen den zuständigen zentralen Organen der Vertragspartner ausgetauscht werden.

Artikel 15

Die Organe des einen Vertragspartners können Gebäude und Diensträume, die ihnen auf dem Hoheitsgebiet des anderen Vertragspartners zur Verfügung gestellt werden, in ihrer Sprache beschriften sowie mit dem Staatswappen und den Flaggen ihres Staates ausstatten.

Artikel 16

(1) Die Voraussetzungen für die Durchführung der Kontrollen von Personen, Waren und Transportmitteln werden zwischen den Vertragspartnern auf der Basis der Gegenseitigkeit geschaffen.

(2) Die Vertragspartner tragen auf ihrem Hoheitsgebiet die Kosten für den Bau, den Ausbau, die Ausstattung und die Erhaltung der Gebäude, Anlagen und Einrichtungen, die für die Kontrolle von Personen, Waren und Transportmitteln bestimmt sind.

(3) Erbringt ein Vertragspartner insgesamt höhere materielle Leistungen entsprechend Absatz 1 und 2 als der andere Vertragspartner, so werden diese Mehrleistungen nach einem noch festzulegenden Verfahren ausgeglichen.

Artikel 17

Die Bestimmungen der Artikel 8, 9 Absatz 2, Artikel 10 Absatz 3, Artikel 11, 12, 13, 14 und 15 dieses Vertrages finden auf die Organe und Beschäftigten des Vertragspartners, die ihre Tätigkeit im Zusammenhang mit der Abfertigung von Personen, Waren und Transportmitteln, die die Staatsgrenze passieren, auf dem Hoheitsgebiet des anderen Vertragspartners ausüben und keine Tätigkeit gemäß Artikel 7 Absatz 1 durchführen, entsprechende Anwendung.

Abschnitt III

Schlußbestimmungen

Artikel 18

Unter Beachtung der in diesem Vertrag enthaltenen Festlegungen werden die zuständigen Organe der Vertragspartner alle in ihren Bereichen bestehenden Abkommen überprüfen und, soweit erforderlich, erneuern oder zur Durchführung dieses Vertrages weitere Abkommen abschließen.

Artikel 19

Dieser Vertrag bedarf der Ratifikation und tritt am Tage des Austausches der Ratifikationsurkunden, der in Berlin stattfindet, in Kraft.

Artikel 20

Der vorliegende Vertrag wird, gerechnet von dem Tage seines Inkrafttretens, für die Dauer von fünf Jahren abgeschlossen. Wenn der Vertrag nicht von einem der Vertragspartner spätestens ein Jahr vor Ablauf der angegebenen Frist gekündigt wird, bleibt er für jeweils weitere fünf Jahre in Kraft.

Ausgefertigt in Prag am 21. Dezember 1970 in zwei Exemplaren, jedes in deutscher und tschechischer Sprache, wobei beide Texte gleichermaßen gültig sind.

Zur Bestätigung dessen haben die Bevollmächtigten diesen Vertrag unterzeichnet und gesiegelt.

Für den Staatsrat der Deutschen Demokratischen Republik

Otto Winzer

Für den Präsidenten
der Tschechoslowakischen Sozialistischen Republik

Marko

Kolibri 360 GmbH
Ferdinand-Jühlke-Straße 7
99095 Erfurt, Deutschland
produktsicherheit@kolibri360.de